KB082390

중년 이후에 깨달은 내 인생의 소중한 것들

중년 이후에 깨달은 내 인생의 소중한 것들

초판 1쇄 2021년 03월 25일
지은이 해인 | **펴낸이** 송영화 | **펴낸곳** 굿위즈덤 | **총괄** 임종익
등록 제 2020-000123호 | **주소** 서울시 마포구 양화로 133 서교타워 711호
전화 02) 322-7803 | **팩스** 02) 6007-1845 | **이메일** gwbooks@hanmail.net

ISBN 979-11-91447-08-8 03190 | 값 15,000원

※ **굿위즈덤**은 당신의 상상이 현실이 되도록 돕습니다.

중년 이후에 깨달은 내 인생의 소중한 것들

죽음보다 아무것도 하지 않음을 두려워하라!

해인 지음

굿위즈덤

프롤로그

나는 늘 꿈을 꾸고 있었다. '내 인생은 지금 어디로 가고 있는가? 어떻게 살아야 하지?'가 늘 숙제였다. 나이 들어가면서 아무것도 하지 않고 늙어간다는 것은 더 견디기 힘들었다. 무엇인가 가슴속에 있는 응어리를 풀어내듯이 살아온 날들을 토해내고 싶었다. 그래서 과감하게 글을 쓰기로 했다.

이제는 나이 들면서 어딜 가나 소심해지고 주눅드는 것도 느낀다. 하지만 마음속에서는 '나이는 숫자일 뿐 마음은 늘 청춘이다!'를 외친다. 나이 들어서 용기를 내지 못하는 모든 사람들에게 늦지 않았다고 외치고 싶었다. 또한 젊은이들에게는 그 아름다운 시절을 낭비하지 말고 하고 싶은 일 마음껏 하며 알찬 인생을 꾸려 가라고 말하고 싶었다. 지나간 시절이 아름답지 않은 순간이 없었음을 알려주고 싶었다.

이 책은 중년 이후에 깨달은 내 인생의 소중한 것들에 대해 기억을 더듬어 가며 썼다. 쓰다 보니 지나친 모든 순간순간이 아름다운 추억이었다. 이제라도 늦지 않았다고, 현명하게 나이 들자고 말하고 마음만 늙지 않는다면 노년도 우아하게 나이 들 수 있음을 기대하며, 아이들의 성장통이 아닌 어른의 성장통을 앓고 있는 내 이야기를 썼다. 끊임없이 성장하고자 하는 어른이 되어 아름다운 노년을 맞이하고픈 마음을 담았다.

인생의 고비가 생길 때마다 '인생 참 별거 아니네!'라고 웃어넘기려 했지만 결국 인생은 결코 버릴 수 없는 숙제이고 과제였다. 꽃밭에 물을 주지 않고 가꾸지 않으면 무성한 잡초 밭이 되기에 내 인생을 늘 사랑으로 돌보며 아름답게 성장시키고 싶었다. 살아온 날들을 뒤돌아보며 때로는 울고 때로는 웃었고 행복했다. 결론은 항상 '내 인생은 나의 것이다.'라는 것이었다. 내 마음먹기에 따라 내 인생은 달라지는 것이고 그것은 스스로 만들어 간다는 것이었다.

나는 그저 평범하고 소박한 여섯 손주들의 할머니이다. 때때로 세상살이가 어렵고 힘들어도 내색하지 않으며 살아왔다. 그것은 자식들의 든든한 울타리가 되어서 아이들이 흔들림 없는 삶을 살아내기를 바라는 부모의 일념이었다. 내 부모님이 그랬듯이 나도 자식들이 세상에서 자신감 있게 살며 세상을 밝히는 사람이 되었으면 한다.

나처럼 나이든 사람들이 내 이야기를 보고 공감하고 용기를 내기를 바란다. 나의 작은 이야기가 고단한 중년들에게 위안이 되었으면 하는 작은 소망이 있다. 내가 했으니 당신도 할 수 있다. 나의 작은 이야기가 퇴직을 하거나 아이들을 모두 출가시키고 허무함에 젖어 있는 사람들이나 불안하고 미래가 두려운 중년들에게 잠시나마 위안이 되었으면 하는 작은 소망이 있다.

주말부부로 지내는 남편이 상기된 목소리로 마누라가 이렇게 열심히 노력하는 것을 보니 자신도 이제는 나이 있다고 주저하지 않고 10년 후를 생각하며 진정으로 자신이 좋아하는 일을 찾아 해보겠다며 생전 처음 용기가 생겼다는 말에 벅찬 보람을 느꼈다. 늘 어머니처럼 나를 감싸주고 위로를 해주는 남편에게 한 번도 해보지 못한 감사의 말을 전하고 싶다.

늘 꿈만 꾸던 나에게 충분히 할 수 있다고 용기를 주시고 격려해주신 김태광 대표님께 머리 숙여 감사의 말씀을 전한다. 할머니의 글쓰기를 응원해준 내 목숨과도 같은 사랑스러운 손주들과 매일 새벽 커피를 내려주고 출근한 아들과 예쁜 며느리, 물심양면으로 지지해준 딸과 사위에게 고마운 마음을 전하고 싶다. 내 삶의 한 축이 되어준 언니와 오빠들에게도 감사의 마음을 전하고 싶다.

작가라고 말하는 것조차 얼마나 부끄러운 일인지 잘 안다. 마치 속옷 차림으로 사람들 앞에 나선 것처럼 한없이 부끄럽지만 앞으로 더더욱 발전해서 멋지고 예쁜 모습으로 글 잘 쓰는 작가가 되어 자신 있게 나서리라 다짐해본다. 단 한 사람이라도 내 글을 읽고 살아가는 데 도움이 된다면 감사한 마음으로 더 열심히 좋은 글을 찾아다니는 사람이 되려고 한다.

하늘에 계신 어머니, 아버지, 시아버님, 감사합니다. 사랑합니다.

목차

2장. 인생에 늦은 나이란 없다

3장. 더 늦기 전에 내가 하고 싶은 일들 : 7가지 버킷 리스트

4장. 삶의 목표는 즐겁고 유쾌하게 살아가는 것임을 기억하라

5장. 마흔이 넘으면 나 자신을 위해 살아라

1장.

나는 어떻게 나이 들어갈 것인가

나는 어떻게 나이 들어갈 것인가

"할머니, 잠은 잤어요?"

문을 열고 들어온 7살 어린 손녀가 눈이 동그래져 물었다. 어젯밤 굿나잇 인사를 했던 자리에 내가 그대로 앉아 있는 모습을 보더니 할머니가 꼬박 밤을 샌 건 아닌가 하고 놀라는 것이다. 그 모습이 너무 귀엽고 사랑스럽다.

어느 날부터인가 시작된 불면증과 나이에 대한 조바심으로 나는 밤을 새는 일이 많았다. 평범한 할머니로서 만족하며 또 감사하며 살고 있었다. 그러나 마음 한구석에는 이대로 늙어가기 싫다는 욕망이 나를 괴롭히고 있었다. 깊이 잠들지 못하고 뒤척이다가 '에이, 그냥 일어나지.' 하고 멍하니 일어나 앉아 있었다. 아니면 도서관에서 빌려온 책으로 시간을 보냈다. 어느 날 갑자기 나이가 든 것도 아닌데, 마흔에 느꼈던 허무함이나 쉰에 느꼈던 쓸쓸함과는 다른 느낌이 나를 불면의 밤으로 이끌고 있었다. 이제는 인생의 막바지라는 초조함이나 다시는 돌아오지 않을 젊음에 대한 아쉬움이 커서일까?

중학생 앳된 소녀 시절 어느 초가을, 바람 부는 이른 저녁의 그 쓸쓸한 느낌을 잊을 수가 없다. 그때 느꼈던 이유를 알 수 없는 사춘기의 애잔한 서글픔이 지금도 그대로 재현되는 것 같다. 내 마음 깊은 곳에는 늘 그때의 감성이 아련하게 다가왔다. 살아내느라 잊고 있었다. 이제는 나이 들어가는 것이 서글프지 않게 나를 위해 할 수 있는 일을 찾고 싶다.

언제가 방송에서 100세를 넘긴 김형석 교수님 방송을 보게 되었다. 90세가 되어보니 정년퇴임을 했던 65세 나이에 아무것도 준비하지 않은 것이 너무 후회가 된다는 말씀을 하셨다. 그때 준비를 잘했더라면 80세, 90세가 되었을 때 훨씬 더 보람된 삶을 살았을 텐데, 하셨다. 나이 먹고 퇴임하면 아무것도 하지 말고 쉬어야지 하면서 준비 없이 흘려보낸 시간이 너무 아깝고, 후회가 된다고 하셨다. 나는 그 말씀이 너무 마음에 큰 울림으로 다가왔다. 그러면서 95세에 영어회화 공부를 시작했다고 하시는 말씀에 나는 눈물이 터졌다. 이제 내 나이 예순인데 무엇이 겁날 것인가? 나도 10년 후 후회하지 않기 위해 준비하기로 마음을 다져 먹었다.

몇 년 전에 90세부터 시를 쓰기 시작한 유명한 시바타 도요라는 100세 할머니 시인이 화제가 된 적이 있다. 남편과 사별한 뒤 괴로운 일이 많았지만 시를 쓰고 사람들에게 인정받았다. 살아 있다는 것에 감사하며 사람들에게 잔잔한 희망과 위로의 말을 전했던 분이다. 다음은 99세에 낸 첫 시집 『약해지지 마』에 실린 시 「약해지지 마」의 일부이다.

있잖아, 불행하다고
한숨 짓지 마

살과 산들바람은
한쪽편만 들지 않아

…

너도 약해지지 마

그녀의 짧지만 힘을 주는 글을 읽고 있으면 나도 힘을 내야지 하는 생각이 절로 들었다. 지금은 비록 돌아가셨지만 이분의 시를 보고 마음이 더 단단해졌다.

초등학교 5학년 때 아주 예쁜 담임선생님이 오셨다. 피아노를 전공하신 긴 생머리에 미니스커트를 즐겨 입으시는 멋쟁이 선생님이셨다. 선생님이 얼마나 멋져 보이는지 난 어머니에게 나도 피아노 배우고 싶다고 졸랐다. 시골에서 아홉 식구가 끼니를 걱정하던 시절이었다. 그런데 느닷없이 피아노라니, 어이없어 하던 어머니는 내 고집을 꺾지 못해 허락을 해주셨다. 하루에 차도 몇 번 다니지 않는 시골에서 수원으로 방학 동안 다닌다는 게 쉽지 않아 금방 끝나버렸다. 이 일로 나는 내가 얼마나 집안에서 권세(?)가 있는 사람인지 알아버렸다. 물론 그 뒤에는 아버지라는 든든한 지원군이 있으니 가능한 일이었다. 아버지가 돌아가시기 전까지는.

아버지는 전형적인 농부셨다. 그저 일밖에 모르시는 어머니 말에 의하면 송곳 하나 박을 땅이 없는 가난한 농군이었다. 장자인 큰아버지를 대신해서 일본에 징용되어 가셨다가 그야말로 구사일생으로 살아오셨다. 그사이 낳은 첫째 아들을 다섯 살엔가 잃으셨다고 했다. 부지런한 아버지와 억척스런 어머니 덕에 우리 집은 그런대로 형편이 나아졌다. 나는 오빠가 다섯이고 언니가 하나 있는 집의 7남매 중 막내딸이다.

어머니와 아버지는 밤낮을 가리지 않고 일을 하셨다. 통금 사이렌이 울릴 때까지 일하시다가 들어오면 밥도 못 먹고 방구석에 잠들어 있는 자식들에게 늘 미안했다고 어머니는 마음 아파하셨다. 많은 자식들과 돈이 생기지 않는 농사로는 어려워 아버지는 취직을 하셨다. 취직이라기보다는 부업이라고 해야 할 것 같다. 그 옛날에 5일마다 열리는 우시장의 중개인이었다. 아는 분의 소개로 일을 하시게 되었다. 5일마다 열리는 장날이면 아버지는 늘 술에 취해 오셨다. 집에 들어오실 때 모습만 보아도 오늘은 벌이가 좋았는지 아니면 공치고 오셨는지 알 수 있었다.

그렇게 부지런하고 따뜻한 아버지가 왜 매일 술을 드실까 궁금했는데 어느 날 잠결에 어머니와 아버지가 나누는 대화를 듣게 되었다.

"아니, 오늘도 또 밥을 안 먹고 막걸리만 얻어먹은 거예요? 도대체 어쩌려구요."

안타까워하는 어머니의 목소리가 들렸다.

"한 푼이라도 아껴야 당신한테 더 갖다 줄 거 아니오."
"아무리 그래도 매일 굶으면 어떻게 해요?"
"괜찮으니 걱정 마요."

난 이때 아버지가 왜 그리 술을 드시는지 알게 되었다. 아버지는 돈을 아끼려고 장날마다 굶으시면서 막걸리로 빈속을 채우셨다. 빈속으로 집에 오실 때도 아버지 손에는 누런 봉투에 싼 고등어가 들려 있기도 하고, 우시장에서 얻어오는 소의 부산물이 들려 있기도 했다. 그날은 우리도 모처럼 배불리 먹을 수 있는 날이었다.

아버지는 빈속이라 술도 쉽게 취하고 건강이 나빠지셨다. 어느 날엔가 갑자기 음식물이 잘 넘어가지 않는다며 아무것도 삼키질 못하는 아버지를 보게 되었다. 그날 나는 쏟아지는 눈물을 감출 수 없어 슬며시 장독대로 가서 실컷 울었다. 결국 고3 때 아버지는 식도암으로 돌아가셨다. 그때 어머니는 고것밖에 못 살 걸 밥도 굶어가며 일만 하다 돌아가신 아버지가 너무 불쌍하다며 통곡하셨다.

장날이면 밥도 안 드시면서도 아버지 주머니에는 항상 땅콩이 있었다. 막내딸인 나에게 주려고 한 번도 빼놓지 않고 사오셨다. 나는 장날을 늘 기다렸다. 차가 끊어지면 십리 길을 걸어서 어머니와 마중을 가야 했다. 그래도 아버지 마중 가는 게 너무 즐겁고 좋았다. 마중 가서 아버지 주머니에 손을 넣으면 삼각 비닐봉지에 땅콩이 들어 있었다. 나만을 위한 땅콩이었다. 어느 날은 빨강색 운동화를 사오셨다. 그 당시 누구도 그런 운동화를 신은 친구는 없었다. 고무신만 신던 시절에 운동화라니 나는 지금도 그 운동화가 눈에 아른거린다. 아무리 술이 취해 들어오셔도 주머니엔 늘 땅콩이 들어 있었다. 그 땅콩은 나에겐 아버지가 주신 사랑이요, 내가 느끼는 특권이었다.

어머니와 아버지의 따뜻한 사랑과 형제들의 사랑으로 난 부족함 없이 자랐다. 때로는 성격이 유약하고 다른 사람에 대한 지나친 배려로 눈치꾸러기라는 말을 들어도 난 내가 따뜻한 사람임을 잘 알고 있다. 그저 매일 매일 나이 들어가는 사람이 아니라 김형석 교수님처럼 나이가 들어도 배움과 베풂을 아는 사람이 되고 싶다. 쉬지 않고 배우며 늘 성장하는 어른이 되고 싶다.

도요 할머니처럼 세상을 따뜻하게 바라보고, 아름다움을 추억하며 타인에게 희망과 위로를 주는 사람이 되고 싶다. 나도 그녀처럼 나이 들 수 있다면 얼마나 좋을까? 그러기 위해 노력하고 책 읽기도 시작했다. 그것만이 내가 느끼는 허무함이나 쓸쓸함, 서글픔에서 벗어날 수 있기 때문이다. 나는 내가 나인 게 참 좋다. 비록 높은 학력과 지식을 갖추진 못했어도 사람의 도리를 알고 배우며 나누며 베풀며 살기를 원한다.

이제는 지난 60년이 아니라 다가올 20년을 기대해본다. 지금까지와는 다른 20년을 살고 싶다. 지난 다음에 후회하지 않기 위해 더 열심히 준비하고 노력할 것이다. 오늘도 힘내라고 스스로를 다독여본다.

결국 우리는 죽는다

"여보, 아직 시간 멀었어? 나 너무 힘들어."

아버지는 숨을 몰아쉬며 말씀하셨다.

"조금만 더 참아요. 이제 얼마 안 남았어요."

어머니는 아버지 손을 쓰다듬으며 말했다. 아버지는 식도암으로 병세가 급격하게 악화되셨다. 그 시절에는 지금처럼 암을 치료하기가 쉽지 않았다. 어머니는 숨을 몰아쉬시는 아버지를 붙잡고 하루만 참으면 된다고 울면서 손을 붙들고 계셨다. 내일이면 드디어 기다리던 결혼식 날, 언니는 아버지가 돌아가시기 전에 결혼을 해야 했다. 선을 보고 아버지는 참석도 못한 약혼식을 하고 결혼식 전날이 되었다. 위독한 상태인 아버지는 딸의 결혼식을 못 치를까 걱정하면서 넘어가는 숨을 참고 계셨다. 우리 가족에게는 가장 힘든 날이었다.

드디어 결혼식 날, 나는 고3이라 학교에 갔다가 예식장으로 향했다. 어머니도 참석하지 못하고 둘째 오빠랑 친척들만 참석한 가운데 치러진 결혼식이 끝날 때쯤 아버지는 세상을 떠나셨다. 이 일로 우리 형제들은 아버지가 얼마나 자식들을 끔찍이 위했고, 마지막 순간까지도 고통의 순간을 얼마나 참고 가셨는지 너무나 잘 알게 되었다. 어머니는 두고두고 너무 고생시켜 미안하다며 눈물을 흘리셨다.

난 지금도 인간의 인내가 어디까지인지 놀랍다. 사람이 그럴 수 있을까 싶을 정도로 고통을 참을 수 있는 것인지 놀랍다. 아버진 2시에 시작된 예식이 끝나는 시간인 2시 40분쯤에 돌아가셨다. 참으로 인간의 능력은 어디까지일까?

사람은 결국 태어나고 죽는다. 그때 아버지가 돌아가신 일이 나에게는 가장 슬픈 일이었다. 아버지는 정말 부지런하고 현명한 분이셨다. 아버지는 늘 말씀이 별로 없으셨다. 식구들이 많아 시끌벅적했지만, 아버지는 늘 조용하시고 빙그레 웃는 것 외에는 별로 말씀이 없으셨다. 언니는 내가 막내딸로 태어나서 아버지에게는 가장 사랑을 많이 받았다고 늘 얘기한다.

초등학교 들어가서 글씨를 읽고 쓰게 되었다. 어느 해인가 나는 어버이날 정성껏 편지를 써서 부모님께 읽어드렸다. 점잖으시고 과묵하신 아버지 눈에서 눈물이 흘러 내렸다. 난 지금도 그 장면을 잊을 수가 없다. 오빠들이 다섯이니 내심 기다리던 막내로 딸이 태어나자 좋아서 시골에서는 보기 드물게 포대기에 싸서 업고 다니셨다고 한다. 그저 얘기로 들었을 뿐인데 내가 아버지 등에 업혔던 느낌이 어렴풋이 떠오르는 건 아버지에 대한 내 그리움이 커서일까?

내가 기억하는 건 늘 장날 술에 취해 오셨지만 단 한 번도 아버지의 술주정을 본 적이 없다는 것이다. 옛날에 우리 옆집 아버지들은 왜 그리 술주정들이 심했는지 사흘이 멀다 하고 손찌검에 양은 냄비에 양동이 던지는 소리가 요란했다. 그러나 우리 집은 그런 일이 한 번도 없었다. 그저 주무시는 것 외에는…. 오죽하면 집 앞 버스 정류장을 지나쳐서 다른 마을에 내려서 걸어오시는 날도 자주 있었다. 아버지가 돌아가셨을 때 동네 오빠는 아까운 분이 돌아가셨다며 차라리 술주정하는 자기 아버지가 돌아가셔야 했다며 안타까워하는 소리를 했다. 지금도 내가 살아가는 삶의 방식에는 어렸을 때 아버지에게 보고 배운 느낌으로 살아가는 것인지도 모르겠다.

아버지 못지않게 지금도 내 마음을 따뜻하게 하는 사람이 있다. 그분이 시아버님이시다. 시아버님은 이북에서 혈혈단신으로 넘어오셔서 정말 알차게 살다 가셨다. 아버님은 며느리인 나를 예뻐해주시고 믿어주셨다. 군인 생활을 오래하셔서 절도 있고 철저하셨다. 일찍 돌아가신 아버지에 대한 그리움을 대신할 만큼 시아버님은 지극한 사랑을 주셨다. 91세에 생을 마감하셔서 이제 3년이 지났지만 아직도 나는 그 사랑이 너무 그립고 또 그립다.

이북에서 오셔서 너무 고생을 하셔서 오로지 목표가 자식들 집 장만 해주는 거라며 아끼고 또 아끼셨다. 철저하게 근검절약하시며 재산을 모으고 자식들 공부시키셨다. 그 덕에 결혼할 때 우리도 17평짜리 아파트를 사주셨다. 그때만 해도 부모님하고 같이 사는 시절이었는데 집 장만해줘서 결혼한다는 것은 아주 드문 일이었다. 늘 오가시면서 과일과 아이들 간식을 챙겨주셨다. 그래서 윗집 재민 엄마는 우리 집은 늘 먹을 게 넘친다며 부러워하곤 했다.

그러던 중 직장에 잘 다니던 남편이 완구 대리점을 한다며 나섰다. 둘째 오빠가 대리점을 해서 성공하니 본인도 해보겠다고 나섰다. 그 일은 정말 고된 일이었다. 하루에 물건이 수십 박스씩 오고 그걸 다 정리하고 주문받아서 배달까지 해야 하고 명절이나 시즌에는 밤을 새야 하는 아주 고달픈 일이었다.

처음에는 나와 둘이 했지만 나중에는 감당할 길이 없어 아버님이 오셔서 도와주셨다. 그 무거운 물건 박스를 거침없이 다 정리해주시고 배달까지 마다하지 않으시고 해주셨다. 늘 철저하고 꼼꼼하신 아버님 덕에 우리 좀 더 일찍 자리잡을 수 있었다. 힘들고 어려울 때마다 아버님의 도움으로 버티어 냈다. 가끔씩은 아직도 철없고 세상살이를 몰라 부지런하지 못한 아들과 며느리가 못마땅하셨을 텐데 웬만해선 화내지 않으시고 참아내셨다. 가끔은 힘들어하는 나에게 그래도 난 아들보다 너를 믿는다며 격려해주셨다. 낡은 차를 끌고 다니는 며느리가 안쓰러워 모은 용돈도 기꺼이 내주셨다.

그렇게 미운 정 고운 정 다 들었는데 시아버님이 요양병원에 가시게 되었다. 오래 오래 장수하실 줄 알았는데 갑자기 건강이 나빠지셔서 입원하셨다가 7개월 만에 돌아가셨다. 돌아가시던 날도 아버지 임종은 내가 지켜드렸다.

다들 멀리 있어서 연락받고 오는 도중에 가까이 있던 내가 도착하자 얼마 안 되어 돌아가셨다. 며칠 전부터 무슨 말씀을 하시려 했는데 무슨 소리인지 도저히 알아들을 수 없었다. "아버님, 무슨 말씀인지 모르겠어요." 하니 나중에는 한숨을 쉬시며 "에~ 휴~ 그만하자." 하셔서 "아버님, 그 말씀은 알아 듣겠네요." 하며 장난스럽게 웃으며 지나쳤는데 이제와 생각하니 아버님은 진심으로 무언가를 전하고 싶으셨을 텐데 싫어 너무 죄송한 마음이 들었다. 어머님과 아들을 잘 부탁한다는 말씀을 하시고 싶었을 거라 짐작한다.

시아버님이 돌아가시고 나니 너무 서운하고 섭섭했다. 친아버지는 어쩌면 내가 이미 철 들기 전에 돌아가셔서 그 사랑이 희미해졌다면, 시아버님은 결혼하고 30년 동안 한결같은 사랑을 주신, 나에겐 정말 귀중한 분이었다. 아버님이 떠나시는 장례식 날 아버님께 마지막 인사를 하라고 장례사가 시켰다. 나는 주저 없이 '아버님, 너무 감사했습니다, 고맙습니다.'라고 마지막 작별인사를 했다. 그래서 한동안은 일하는 것도 싫고 모든 게 다 슬펐다.

나도 언젠가는 죽게 될 것이라는 것을 알고 있다. 그 부모님의 사랑이 가득해서 더 열심히 살고 싶었다. 사업이 부도가 나서 끼니를 이어가기 힘들 때도 있었다. 먹을 게 없어서 김치 하나에 멀겋게 끓인 쑥국을 먹으면서도 난 희망의 끈을 놓지 않았다. 그건 부모님의 사랑과 기대에서 벗어나고 싶지 않아서였다. 받은 부모님의 사랑을 자식들에게 전해주고 자식들도 온전하게 세상을 살아가기를 바랐다.

이를 악물고 참아내었다. 운전하면서 혼자 참 많이도 울었던 것 같다. 누구에게도 들키고 싶지 않고 나만 아는 아픔이 가득했지만 난 절대로 그대로 물러서지 않겠다고 결심하고 또 결심했다. 내 자식들에게는 절대로 가난을 물려주고 싶지 않았다. 내가 조금이라도 삐끗하면 모든 게 다 주저앉을 것 같았다. 매일 매일 정신 차리자고 나를 다그쳤다.

결국 우리는 죽는다. 내가 사랑하는 어머니, 아버지, 시아버님 모두 돌아가셨다. 나도 언젠가는 죽을 것이다. 내가 이 세상에서 사라져도 내 자식들은 나를 추억할까? 어디선가 본 기억이 있다. 이 세상에서 가장 행복한 사람은 그로 인해 행복해하는 사람이 주변에 많으면 인생을 잘 산 것이고 행복한 거라고. 내가 이 세상에서 떠나도 내가 아버님을 그리워하는 것처럼 우리 아이들도 나를 그리워하면 잘 살아 낸 삶이 아닐까. 주변 사람들에게 "그 사람 참 괜찮은 사람이었어." 그런 말을 듣는다면 난 참 좋을 것 같다. 그러면 결국 죽지만 살았던 보람을 느낄 것 같다. 난 오늘도 그런 사람이 되려고 열심히 노력한다.

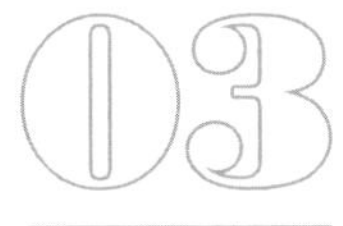

우아하게 나이 들고 싶다

따르릉, 따르릉. 새벽 네 시에 전화벨이 울렸다.

"여보세요. 거기 김○○ 씨 댁이죠?"

아파트 관리소라며 집 전화번호를 몰라 관리소로 연락을 해서 전화를 한 것이었다. 새벽에 올 리 없는 전화 벨소리에 벌떡 일어나 받았다. 가게에 불이 나서 타고 있다는 것이었다. 허겁지겁 달려갔더니 이미 여러 대의 소방차가 물을 뿌리고 주변 사람들이 모두 나와 웅성거리고 있었다. 달려가는 중에도 그렇게 큰 사고라고는 생각지 못하고 그저 조금 연기라도 나는가 하고 아님 그저 장난전화인가 하고 갔는데 불길은 이미 사정없이 건물을 집어 삼키고 있었다. '아~' 하고 탄식이 저절로 흘러나왔다. 다리에 힘이 풀려 주저앉고 말았다. 꿈이었으면…, 아, 제발 꿈이겠지, 소리도 내지 못하고 울음을 삼켰다. 동네 사람들이 측은한 듯 바라보니 더 울 수도 없었다.

이제 막 자리잡아서 직원도 두고 안정되어 가던 중이었다. 남편이 나에게 아이들한테 신경 쓰고 천천히 가게 일에서는 손을 떼어도 될 것 같다고 말한지 며칠 되지 않아 일어난 일이었다. 사실 처음에는 일이 너무 많았고 밤늦게까지 일해야 하는 것이 힘들었다. 아이들은 시어머님께 맡기고 3~4년은 열심히 일해서 자리를 잡아가던 중이었다. 그런데 날벼락 같은 화재가 난 것이었다. 밤새 타고 점심 때 즈음에야 불길을 잡았다.

각 층마다 워낙 많은 물건이 쌓여 있었기에 불길 잡기가 쉽지 않았다. 지하층부터 4층까지 빼곡히 쌓인 물건들이 거의 타고야 불길이 잡혔다. 남편과 시아버님의 땀과 노력이 물거품이 되는 순간이었다. 화재가 나서 망한다는 것도, 벼락을 맞아서 죽는 것도, 로또가 맞아 벼락부자가 되는 것도 보통사람들에게는 일어나기 쉽지 않은 일인데, 정말 꿈만 같은 일이 나에게 일어난 것이었다. 이 일로 우리는 삶의 무사함이 얼마나 귀중한지 알게 되었다.

삶의 터전이자 근본이 뿌리 채 흔들려서 지탱하기 힘든 회오리에 끌려가는 기분이었다. 안 좋은 일은 한꺼번에 닥치는 것인지 회복할 새도 없이 바로 IMF가 닥쳤다. 펀치에 강펀치를 더한 것이었다. 거기에다가 세무조사까지 받게 되어 내가 감당할 수 없는 지경이었다.

한동안 40이 넘으면 자기 얼굴은 본인이 책임져야 한다는 말이 한참 유행이었다. 그 말이 유난히 마음에 걸렸던 적이 있었다. 내 나이 서른일곱부터 말로는 다할 수 없는 여러 가지 일을 겪으면서 난 내가 내 얼굴을 책임질 수 있을지 자신이 없었다.

물론 지금은 세상이 달라져서 성형수술로 인상도 달라질 수 있게 하고 아름다운 얼굴로 만들 수 있지만 그때는 온전히 자신의 마음을 밖으로 드러낸다는 뜻으로 자신의 얼굴은 자신이 책임을 져야 한다고 했다. 세상 풍파에 시달리면서도 자신만의 아름다움을 간직하고 좋은 인상을 갖는다는 것은 쉬운 일은 아니었다.

내가 아는 분이 있었다. 그때 그 시절에 성광슈퍼라 하면 수원에서는 신흥부자로 떠오르는 어마어마한 부자였다. 사업을 잘 일으켜서 수원 곳곳에 체인점이 급속히 불어나고 광교에 큰 공장까지 세울 정도로 큰 부자로 이름을 날리던 곳이었다. 회장님과 사모님도 너무 좋으신 분들이셨다. 인품도 좋으시고 좋은 일도 많이 하시고 훌륭한 분들이셨다. 교육 사업까지 손을 대셔서 우리 가게에 비서를 대동하고 가끔 들러서 필요한 물품들을 구비해가셨다. 나는 그분이 오셨다 가시면 항상 나도 저분처럼 나이 들었으면 좋겠다고 속으로 부러워했다.

언제부터인가 대형마트가 생기고 IMF라는 외환 위기가 그분들의 사업을 집어삼켰다. 들려오는 소문에 버티다가 결국은 부도가 났다는 소식을 접하게 되었다. 너무 마음이 아팠지만 시간이 흐르면서 자연스럽게 잊히게 되었다. 몇 년인가 시간이 흐른 후 병원 엘리베이터 안에서 우연히 그 두 분을 보게 되었다. 시어머님이 허리 수술로 입원하셔서 병문안하고 오던 길이었다.

허름한 잠바에 수염이 자란 꺼칠한 얼굴과 옆에 서 계신 분은 스웨터에 낡은 바지를 입고 손녀인 듯한 아이의 손을 잡고 계셨다. 영락없는 촌로의 모습이었다. 처음에는 어디서 많이 본 분들인데 갑자기 생각이 잘 안 났다. 누구지? 하는데 아! 그렇게 인품 좋으시고 여유 있던 분들이 아주 초라한 촌로의 모습으로 엘리베이터 안에 계셨다. 그분들도 어디서 많이 봤는데 하는 눈치셨고 결국 눈길을 돌리셨다. 나도 인사를 할 수도 없는 상황이라 그대로 엘리베이터에서 내렸다. 하지만 내내 아, 사람이 저렇게도 변할 수 있구나 싶어 착잡한 마음을 달래야 했다. 난 그때 받은 충격이 지금도 생생하다.

'아, 돈이란 게 이런 것인가? 사람을 멋지게 보이기도 하고 초라하게 보이게도 하는구나! 결국 돈이 이렇게 중요한 것인가?'

나도 그때까지는 돈에 대해 큰 의미를 두지 않았던 때였기에 충격이 더 클 수밖에 없었다.

어릴 적에 어머니는 늘 돈, 돈 하셨다. 어려운 살림에 자식들 일곱을 먹여 살리랴, 재산 불리랴, 매일 매일 쪼들리는 삶에 억척스럽고 부지런하셨다. 누구한테 지는 법도 없으셨다. 지금도 어렴풋이 생각나는 한 장면이 윗집 아줌마와 머리채 잡고 싸우던 모습이다. 강하고 억척스런 분이셨다. 자식을 위해서라면 물불을 가리지 않으셨다.

항상 돈, 돈 하시길래 고등학교 때쯤인가, "엄만 왜 맨날 돈, 돈 해?" 했더니 그때는 어이가 없으셨는지 아무 말씀 안 하셨다. 하루는 학교에서 돌아오는데 어머니가 동네 아줌마들과 얘기하고 계셨다. "쟤가 나보고 돈, 돈 하지 말래." 하면서 서운해하셨다. 그리곤 이내 잊었다. 나도 그냥 한 소리라 잊고 있었다. 그 후 결혼하고 남편이 사업한다고 돈에 쪼들려 하는 모습을 보더니 나에게 "나한테 돈, 돈 하지 말라더니 살림해보니 어떠냐?"라고 하셨다. 그 말을 십수 년이 지난 후까지 잊지 않고 계셨다. 지금도 생각하면 철없는 딸이 한 말을 가슴에 새겨두신 어머니에게 죄송하고 또 죄송하다. 그 후로도 나는 몇 번의 인생 고비를 넘을 때마다 모든 게 돈에서 비롯되는 것임을 알게 되었다.

내가 우아하게 나이 들고 싶다는 것은 결국은 경제적으로 안정된 삶을 원하는 것이 아닐까? 사업장이 불타고 결국은 부도가 나고 삶의 굴곡을 겪으면서 모든 것이 돈과 귀결된다는 것을 알게 되었다. 철없이 어머니에게 왜 돈, 돈 하냐고 따졌던 게 얼마나 어리석은 짓인지 알게 되었다.

어머니는 억척으로 자식들에게 평생을 살아갈 수 있는 재산을 물려주고 가셨다. 강한 정신력도 주셨다. 그래서 어쩜 우아하게 산다는 것이 꼭 풍요로운 물질은 아니더라도 경제적 자유가 아닐까? 다른 사람에게 빌리러 다니며 꾸러 다니지 않고, 나누며 베푸는 삶이라면 얼마나 우아할 것인가?

지금 생각해보니 그런 면에서 우리 어머니는 너무나 우아하게 나이 들고 살다 가셨다. 자식들에게 짐이 될까 걱정하시더니 아침 드시다 기침이 심해지셔서 뇌출혈로 그날로 돌아가셨다. 일흔 하나의 나이에 너무 일찍 돌아가셔서 너무 서운해서 수년 간 힘들었지만 지금 생각하니 어머니가 원하시는 대로, 갑자기 자다가 돌아갔으면 좋겠다는 평소의 바람대로 이루고 가신 것 같다.

나도 어머니처럼 불꽃처럼 열심히 살다가 가고 싶다. 우아하게 나이 들고 싶다. 그러기 위해 나는 용기를 내었다. 책 쓰기에 도전하고 작가로서 새 삶을 살고 싶다. 늘 무언가 부족하고 속에 갈망이 있었다. 끊임없이 늘 발전하고 싶었다. 늘 갈망하며 이제까지 살아온 날보다 앞으로 살게 될 20년을 기대해본다. 그래서 정말 우아하게 나이 들고 싶다.

현명하게 나이를 먹는다는 것

시간이 갈수록 나이를 먹는다는 것이 얼마나 두려운 일인지 알게 되었다. 보통 우리는 세고 있는 생물학적인 나이에 민감하다. 그래서 주눅 들고 "이 나이에 뭘 할 수 있겠어?" 하며 포기한다. 그런데 나는 그렇게 살고 싶지 않다. 누가 뭐라 하든 나 하고 싶은 일하며 즐겁고 행복하게 살고 싶다. 흔히 우리가 알고 있는 것처럼 나이는 숫자에 불과하단 말이 가슴에 와 닿는다. 그래서 나이에 상관없이 아름답게 늙고 싶다. 어디 가서든 현명하게 나이 먹었다는 소릴 듣고 싶다.

연애 시절, 어느 정도 가까워졌다고 생각했을 때 남편은 자기의 가정 형편을 얘기했다. 아버지와 어머니는 이혼한 상태니 이해해줄 수 있냐고, 그 시절만 해도 이혼이 흔한 시절이 아니었기에 나도 내심 당황스러운 것도 사실이었다. 그저 어머님은 대구에서 직장 다니시는 형님 뒷바라지를 위해 내려가 계신 줄 알고 있었다.

옛날 시골에서는 그렇게 남편한테 맞고 살아도 이혼 얘기는 들어도 못 봤기 때문에 남편의 고백은 생경하기만 했다. 그러나 이미 남편과의 만남에서 서로 말도 통하고 사랑이 싹트고 있던 때라 나는 망설임 없이 아무 상관없다고, 부모님 일인데 그게 무슨 큰 문제냐고 하며 오히려 남편을 위로했다. 그때는 그게 인생에서 얼마나 큰일인지 감히 상상도 못한 일이었기에 그저 남편에게 상처 주고 싶지 않은 마음이 컸다.

약혼식을 하던 날 드디어 어머님이 처음으로 식구들과 대면하던 날, 어머님은 금테 안경에 한복을 입으시고 누구도 말 한마디 붙일 수 없는 찬바람 도는 모습으로 나타나셨다. 약혼식에 온 친구는 "야, 너네 시어머니 대학 교수 같다. 넌 이제 큰일 났다."라며 잔뜩 겁을 주었다. 우리 식구들 또한 막내 동생의 앞날이 심히 걱정되었지만 누구도 입 밖에 내지는 못했다. 겉으로만 봐도 찬바람이 쌩쌩 도는 차가운 이미지에 누구도 가까이 갈 수 없는 모습이었다. 며칠 후 오빠는 꼭 이런 결혼해야겠냐며 걱정스럽게 물어왔다.

첫 아이 백일 때였다. 음식을 하시다가 갑자기 저녁도 안 드시고 가신다고 일어서셨다. 그냥 피곤해서 빨리 가서 쉬신다고 하셔서 대수롭지 않게 생각했다. 같이 음식 하던 어머니가 저녁 같이 드시고 가시라고 붙잡았지만 소용없었다.

며칠 뒤 시누이에게 전화가 왔다. 어머니가 화가 단단히 났으니 와보라는 것이었다. 너무 놀라 두근거리는 마음으로 아이를 업고 가니 너무 화를 내셨다. 이유는 친정어머니가 전을 부치면서 접시에 담지 말고 그냥 드시라고 해서 기분이 상하셨다고 했다. 또 도토리묵을 쑤어서 쏟고 난 후에 생기는 묵 누룽지를 드시라고 했다고, 사돈을 무시해서 화가 나셨다는 것이었다. 나는 너무 놀라서 전혀 그런 뜻이 아니었을 거라며 죄송하다고 말씀을 드렸다.

실은 내가 본 어머니는 단 한 번도 묵 누룽지를 버리지 않으셨다. 먹을 게 귀한 우리 집에서는 그것도 귀한 음식이었다. 깨끗이 긁어서 자식들에게도 주고 본인도 맛있게 드시는 별식이기에 혼자 드실 수 없어 드시겠냐고 물어보신 건데, 나도 아차 싶었다. 워낙 마음에 상처가 많은 분이라 이해하기 어려울 거라는 생각을 못했다. 여러 번 죄송하다고 말씀드려도 뚱뚱한 네 어머니가 오가며 으스대는 꼴 보기 싫다며 화를 내셨다.

그 후로도 너무 많은 일로 뒤로 사람을 기함하게 하셨지만 어머님의 말씀대로 '감히 내 아들하고 살면서 나를 무시하냐'라고 하시는 어머님의 당당함에는 할 말이 없었다.

이제는 결혼한 지 삼십 년이 넘어가니 겁날 것도 걱정될 것도 없는 나이가 되었다. 이미 세월은 흘렀고 나는 어떻게 나이 들어갈 것인가 하는 중요한 결정을 해야 하는 시기에 놓이게 되었다. 이제는 그전에 살아온 방식에서 벗어나 나만의 길을 찾고 싶다. 누구의 며느리, 아내, 어머니가 아니라 온전히 나로 살고 싶다. 어머님처럼 이혼이라는 커다란 굴곡이 있는 삶은 아니었지만 나름 여러 가지 삶의 형태를 겪으며 지금의 나이에까지 오게 되었다.

우리 시가 쪽 사람들이 제일 싫어하는 말이 있다. 남편을 비롯하여 시아주버님도 마찬가지이다. 우린 다툼이 있을 때 '하는 짓이 자기 어머니 닮았다'라고 하면 화를 제일 크게 낸다. 형님도 아주버님한테 그 말을 했다가 너무 크게 화를 내서 당황했다고 했다. 자식들이 어머니 닮았다는 말이 제일 화나는 일이라면 어떨까? 생각만 해도 마음이 아팠다. 어린 시절에 겪었을 고통과 고뇌가 와 닿는다.

남편은 지금도 술 한잔하면 어린 시절 어머님 그리워 찾아갔다가 울면서 몇 십리 길을 걸어오면서 울고 또 울었다며 눈시울을 적신다. 군대 시절도 휴가 나오면 어머님 먼저 찾아가면 오로지 아버지에 대한 원망과 증오만 자식들한테 퍼부어 너무 힘들었단다. 그래서 자식들이 방황하고 힘들어해도 아랑곳 않고 본인의 이기심만으로 자식들을 괴롭혀온 어머니가 너무 불쌍하기도 하단다. 늘 '어머니가 조금만 더 현명하셨다면 얼마나 좋았을까?' 하며 안타까워한다.

아버님이 뭐라 하시든 참고 자식만 바라보고 사셨더라면 하는 것은 너무 이기적인 것일까? 삼남매가 모두 공부 잘하고 착하고 똑똑했다는데 어머님과 아버님의 문제로 어머님의 이혼 소송으로 집안이 엉망이 되고 아버님이 셋을 공부시키고 출가까지 모두 혼자 맡아 하셨다. 사춘기의 사내아이들 둘은 모두 여차하면 대들고 속을 엄청 썩였을 거고, 딸은 어머니 편이라고 덤비고, 그 어렵고 힘든 가운데서도 절대 포기하지 않으시고 자식들을 붙잡아 끝까지 책임지신 아버님이 정말 대단한 분이라는 걸 느낀다. 결국 아버님 정성으로 돌아와 제자리를 찾고 가정을 꾸리고 잘살고 있다.

아버님이 현명하지 않으셨다면 가능하지 못했을 것이다. 사람은 태어나 어차피 나이 들고 늙고 죽어간다. 어떻게 살고 어떤 모습으로 나이 들어가야 할까. 지금도 내 마음에는 늘 부지런하시고 긍정적이신 아버님의 모습이 생생하다. 팔십이 넘어서도 주민센터에 컴퓨터 배우러 다니시고, 우리가 가면 독수리 타법으로 치셨다며 건강에 관한 자료를 한 묶음씩 건네 주셨다. 게임까지 섭렵하셔서 구십이 되어서도 현대 문물에 뒤지지 않으셨던 아버님이 지금도 그립다. 나도 아버님처럼 현명하게 나이 들고 싶다.

슬프지만 받아들여야 하는 나이

어느 날 거울을 들여다보다가 깜짝 놀랐다. 웬 중년의 여인이 서 있었다. 아니 중년의 여인이라기보다는 노년기에 들어선 모습이 왠지 초라해 보였다. 서글픈 모습의 주름진 눈가는 힘이 없어 보이고 낯선 모습의 얼굴이 생기를 잃어가고 있었다. 아!! 이게 진짜 내 모습이구나. 나는 늙지도 초라해지지도 않을 거라며 자신 있게 살아왔지만 어느 사이에 나이 들어 할머니의 모습을 하고 있었다. 나도 내 모습이 믿기지 않을 때가 있었다.

'누구지? 정말 이 모습이 내가 맞나?'

불룩한 눈두덩이와 두툼해진 손목과 허리는 영락없는 할머니였다. 그 모습을 인정하고 싶지 않았다.

어느 날엔가 갑자기 아들이 "어머니, 드릴 말씀이 있어요." 하며 무릎을 꿇고 앉았다. 갑자기 가슴이 쿵쾅거렸다.

"무슨 일인데?"
"저, 실은 아이가 생겼어요."

그 말이 아득하게 들렸다. 우리는 그때 모든 게 망가지고 부도가 나서 한참 어려움을 겪다가 어렵게 연명만 해나가던 시기였다. 그런데 갑자기 아이라니 결혼을 시킬 형편도 아니고, 물론 여자 친구가 있고 가끔 들락거리긴 해도 결혼을 시킬만한 형편이 아니었다.

간신히 마음을 가다듬고 "어쨌으면 좋겠니?" 하니 "결혼식만 시켜주세요." 하며 집에 들어와 살겠단다. 결혼식을 시킬 만한 형편뿐만이 아니라 집 장만까지는 언감생심 꿈도 꿀 수 없는 형편이었다. 그래서 얼떨결에 어머님과 나, 아들 부부와 딸에 곧 태어나는 아이까지 4대가 함께 살게 되었다. 지금 생각하면 '참 어디서 그런 용기가 생겼을까?' 싶다.

다행히 며느리는 착하고 속이 깊은 아이였다. 여럿이 살아도 한 번도 큰소리 없이 집안에서 헌신하는 착한 며느리였다. 드디어 첫 손녀가 태어났다. 아이들에게 늘 엄격함을 강조했지만 손녀를 보자 모든 게 허사였다. 그저 예쁜 마음 외에는 다른 생각이 전혀 들지 않을 만큼 예뻤다. 어렵고 힘든 시절이었지만 늘 하하 호호 웃으며 지냈다.

착하고 순하기만 한 며느리가 가끔 힘든 기색이 보이는 것 같아 물어보니 둘째가 생겼다며 미안해하는 것 같아 난 빨리 내보내야겠다고 생각했다. 까다로운 할머니까지 모시고 산다는 것이 쉽지 않았지만 내색 한 번 안 하는 며느리가 기특하고 고마웠다. 가끔 아들은 할머니가 시집살이 시킨다며 투덜대었다. 어머님은 며느리가 집에 있지 않고 외출이 잦다고 나에게 불만스럽게 말씀하셨지만 난 개의치 않았다.

어머님과 하루 종일 같이 지낸다는 게 나이 어린 며느리에게는 힘든 일일 거라고 알고 있었다. 나가서 살고 싶어 하는 마음도 있는 것 같아 망설임 없이 분가를 결정했다. 작고 아담한 집이었지만 둘은 너무 좋아했다. 신혼을 층층시하에서 보낸 며느리는 더할 나위 없이 좋아하는 것 같았다. 2년을 같이 살면서 늘 해야 한다고 소망한 일이 한 가지 이루어진 날이었다.

어머님은 가끔 불만스럽게 말씀하셨지만 막상 나간다 하니 같이 사는 게 재미있었다며 서운해하셨다. 4대가 한 집에 산다는 것이 쉬운 일은 아니었지만 그런대로 좋은 추억이었다. 늘 시끌벅적하던 집이 조용해졌다. 그동안 딸도 연애하던 친구가 있어 결혼해서 나갔다. 한편으로는 단출하게 어머님과 조용히 지내는 나만의 시간이 많아져서 좋았다.

가끔 예전처럼 말도 안 되는 일로 머리를 아프게 하셨지만 예전에 비할 바는 아니었다. 그것도 나이가 들어감에 따라 변하시는 게 느껴졌다. 가끔 주변에서 걱정하듯이 물어오면 '우리 어머님, 이젠 천사야.' 하면서 웃으며 넘겼다. 그런대로 평화롭게 지낸 시간들이다. 하지만 인생은 늘 우리를 변화하게 만드는 것 같다. 그래야 사람 사는 맛이 나는 것일까?

어느 날 집에 들어가니 어머님이 잔뜩 화가 난 얼굴로 기다리고 계셨다.

"무슨 일이 있으셔요?"
"괜히 기분이 나빠서 그래."

가끔은 그런 기분일 수 있겠다 싶었지만 며칠이 지났는데도 영 기분이 안 풀리시는 것 같았다. 한 번 화나면 하루 온종일 잠도 안 주무시고 본인도 들볶고 주변 사람도 힘들게 하시는 분인 걸 알기에 마냥 모른 체 할 수 없었다. 도대체 무엇 때문에 그러시냐고 하니 마지못해 하시는 말씀이 냄비 밑이 긁

혔는데 이건 아무래도 네가 내가 미워서 한 짓 같다며 이렇게 미우면 어찌 같이 살 수 있겠냐며 혼자 살고 싶다고 하셨다. 너무 어이가 없고 기가 막혔다. 몇 년 조용하다 싶으셨는데 또 시작이신가 했다.

"어머니, 그럼 어떻게 했으면 좋으시겠어요?"

"나 혼자 살련다."

"네?"

"어차피 네 집도 아니고 나 살라고 딸이 준 집인데, 네가 나가야지."

절로 한숨이 나왔다. 사실 그 집은 아버님이 시누이 몫으로 사놓은 집으로, 우리가 집도 없이 나앉게 되자 시누이가 갈 곳 없는 어머님과 같이 살게 내준 집이었다. 어머님은 심기가 조금만 불편하면 날 위해서 딸이 준 집이라고, 너희가 왜 여기 사냐며 나가라고 하셨다. 그런 일이 한두 번이 아니었다.

몇 년 전인가도 남편과 별일도 아닌 걸로 큰소리를 내시더니 갑자기 이 집은 나 살라는 내 집인데 왜 따라 왔냐며 당장 나가라고 하셨다. 같이 있으면 다툼이 커질 것 같아 서둘러 남편을 끌고 원천 저수지로 갔다. 그때는 광교로 개발되기 전이라 사람들이 많지 않았다. 그곳에서 둘이 목 놓아 운적도 있었다. 그때 처음 남편은 죽고 싶다고 저수지로 뛰어든다는 걸 간신히 말렸다. 그리곤 둘이서 하염없이 앉아서 햇빛 반짝이는 호수만 넋 놓고 바라보다

온 적이 있었다.

어릴 때부터 부모님의 불화를 보고 커서 웬만해서는 부정적인 말도 안 하는 사람이었다. 일부러 밝아 보이려 노력해서 너스레도 잘 떨고 유머도 있는 사람인데 그때 난 그렇게 서러워하는 모습을 본적이 없었다. 어쩌면 이날은 우리 부부가 인생의 막다른 골목길에서 어떻게 살아야 하는지 되돌아보게 하는 계기가 되게 해주었다.

그길로 돌아와서 남편은 일자리를 알아보는 듯 했다. 다리를 다쳐서 한 달 병원에 입원해 있다가 나와서 무기력하게 집에만 있더니 무슨 일이든 하겠다고 나섰다. 나도 그때는 공장에 생산직으로 근무하고 있었다. '아. 이제는 이렇게 살면 안 되겠구나.' 하는 마음이 들었다.

'나이 오십에 할 수 있는 게 무엇일까? 무엇을 하고 살아야 할까? 무엇이 나하고 잘 맞을까?' 고민하던 중 떠오른 것이 부동산이었다. 언젠가 사업이 어려울 때 언니하고 철학관엘 간적이 있다. 그때 나에게 '부동산을 하면 잘 맞을 텐데.'라고 했던 말이 떠올랐다. 아! 그거야! 그리곤 곧장 부동산 공인중개사 공부를 시작했다.

오전 오후 근무에 공부까지 잠시도 쉴 수도 없는 형편이지만 시간을 낭비할 수 없었다. 지금 가만히 돌아보면 어떻게 그렇게 할 수 있었을까 하는 생각이 절로 든다. 학원에 가서는 고된 근무에 졸기 일쑤이고 시간도 넉넉지 않아 늘 부족한 수면과 싸우며 공부했다. 포기할까 하는 생각이 여러 번 들었지만 난 절대 포기할 수 없었다. 내 자신을 위해 이렇게 살 순 없다고, 내 자식들을 위해 이렇게 살 순 없다고 되뇌었다. "난 반드시 일어선다. 내 힘으로, 난 반드시 일어선다. 내 힘으로!" 하고 늘 외치며 다녔다.

누구한테도 도움 받지 않고 내 힘으로 일어서겠다는 결심으로 그때 난 형제들의 전화번호도 모두 삭제하였다. 맘이 약해지면 혹여 손을 벌리게 될까 두려워서 난 아예 모든 사람들과 연락을 끊고 오로지 일만 하고 공부했다. 그사이 오빠들은 애가 탔지만 난 누구에게도 초라한 내 모습을 보이기 싫었다. 그렇게 해서 드디어 난 공인중개사 자격증을 손에 쥐게 되었다. 같이 근무하던 사람들도 모르고, 주변 가족들에게도 합격한 후에 알렸다. 난 부끄러워서 몰래 공부했는데 모두 믿기지 않는다며 축하해주었다. 무슨 변호사 자격증 합격을 한 것도 아닌데 특히나 아버님은 무슨 선물을 해줄까 하시며 기뻐하셨다.

오십에 딴 자격증이 나에게는 큰 자산이었다. 하지만 현실은 녹록하지 않았다. 사업에 실패한 아들 내외에게 아버님은 무조건 안전한 길을 택하라고 하셨다. 구인 광고를 보고 실장을 뽑는다는 사무실을 찾아갔다. 그러나 사장

님들은 나보다 나이가 어리기 때문에 나이가 있는 나를 필요로 하지 않았다. 몇 군데 면접을 봤지만 모두 나이 때문에 죄송하다며 거절을 했다.

'아, 내 나이가 언제 이렇게 되었지?'

지나간 날들이 너무 아까웠다. 젊었을 때 내가 뭘 하고 살았나, 그 귀한 시간을 아무렇지도 않게 낭비한 내가 너무 한심했다. 여기저기 찾아다니며 구한 직장이 경매 사무실이었다. 다행히 나이에 대해 크게 신경을 쓰지 않았다. 대표가 여자여서 편하게 일했다. 어렵고 힘들 때도 의논해가며 잘 버텨왔다. 그곳에서 꽤나 긴 시간을 함께했다. 그리고 지금 생각하면 참 고마운 직장이었다. 경영난으로 이젠 폐업해서 없지만 그곳에 다니며 아이 둘을 모두 출가시켰고 작든 크든 꾸준히 생활하는데 도움이 되었다. 참 감사한 일이다.

이제는 이 나이에 나를 따뜻하게 맞아줄 곳은 흔치 않을 것이다. 늘 그래왔듯이 지금도 난 내 나이를 세며 세월을 보내고 싶지 않다. 무언가 더 새로운 길을 찾고 싶다. 아파트 공동현관 앞에서 모르는 아이가 "할머니 문 좀 열어주세요."라고 했을 때 소스라치게 놀란 적이 있다. 집에서 손주들에게 당연히 들었던 호칭인데도 모르는 아이에게도 할머니로 보인다는 게 너무 슬펐다. 그래, 이젠 내 나이를 받아들여야 할 때가 되었구나. 슬프지만 받아들여야 하는 나이가 되었다.

늘 성장하는 어른이 되기

"할머니 나랑 같이 도서관 가요."

7살 손녀가 휴일 아침 어머니와 다녀온 도서관에 가자고 졸랐다. 이제 막 글을 읽게 되어 책 읽는 재미가 붙은 모양이었다.

"그럴까? 그래 같이 가자."

예쁜 손녀와 같이 손잡고 가는 것만도 너무 기분이 좋았다. 도서관은 집과 가까워서 몇 발자국만 걸어도 도착하는 위치에 있었다.

사실 처음에 이곳으로 이사를 결정한 큰 이유 중의 하나가 도서관이었다. 집 앞에 동사무소, 우체국, 경찰서, 다 있지만 내가 제일 마음에 든 것이 도서관이었다. 학교 다닐 때 시골에는 도서관이 없어서 새벽 첫차를 타고 와도 도서관 자리를 잡기가 쉽지 않았다. 자리가 없어서 허탕을 치고 학교 자습실로 가는 날이 많았다. 그때는 도서관 가까이 사는 친구들이 너무 부러웠다. 도서관 좋은 자리는 늘 그들이 차지했다. '나도 집이 도서관 가까이 있다면 얼마나 좋을까?' 하며 돌아왔다. 그래서 이곳으로 이사를 결정하는데 도서관이 가장 큰 역할을 했다. 도서관 일층에는 어린이 도서관으로 아이들이 힘들면 누워서도 볼 수 있는 공간까지 시설이 너무 잘 되어 있는 큰 도서관이다.

십여 년 전에 중개사 공부할 때 버스를 타고 왔던 곳이었다. 이제는 맘만 먹으면 몇 발자국만 걸어서 오면 되는 곳이 되었다. 손녀는 어머니와 몇 번 와서 익숙한 듯 꽤 긴 시간을 놀이삼아 책을 보며 놀고 있었다. 그 시간 동안 나도 자료실에 가서 책을 골라서 읽게 되었다. 그때 내 손에 잡힌 책이 나폴레온 힐의 『놓치고 싶지 않은 나의 꿈 나의 인생』이라는 책이었다. 그것은 잠들어 있던 나를 깨우는 기폭제가 되었다.

나는 그 책을 홀린 듯 단숨에 읽었다. '나는 꿈이 있는 사람이었던가?' 갑자기 '이제는 이 나이에 무얼 할 수 있겠어?' 하며 지내온 시간들이 안타깝게 느껴지기 시작했다. 간절하고 열렬한 소망이 생기기 시작했다. 힘들고 어려웠던 시간을 지내오며 잊고 있었던 나의 꿈, 나의 인생이 다가왔다. 정말 겪어보지 못한 쓰나미 같은 느낌이었다.

'아, 이대로는 안 돼, 난 반드시 일어서야 해.'

늘 성공과 부를 꿈꾸면서도 감히 밖으로 내뱉지 못한 마음속의 외침이 나를 감싸 안았다.

"성공하거나 부자가 된 사람들은 모두 성공하거나 부자가 되기를 진실로 바라고 있다. 따라서 당신이 찾고 있는 것이 무엇인지 잊지 않는 한 반드시 성공으로 가는 문은 열릴 것이다."

– 나폴레온 힐, 국일미디어, 『놓치고 싶지 않은 나의 꿈 나의 인생 1』 중에서

이 말은 나에게 너무 큰 위로가 되었다. 사업에 실패하고 모든 게 끝났다고 느껴도 자식들 때문에 포기할 수 없었던 인생이라 여기며 살아왔다. 자식들이 성장해서 자기 몫을 하며 살 때까지는 부모가 절대 약해지면 안 된다며 이를 악물고 버텨왔다. 방식도 방법도 모른 체였다. 내가 진심으로 원하는 것이 무엇인지도 몰랐다. 그런데 거기에 내가 원하는 답이 있었다. 난 성공하고

싶고 부자가 되고 싶었다. 또한 당당해지고 싶었다. 그날부터 난 고열에 시달리는 사람처럼 잠도 못 이루고 무언가를 찾기 시작했다.

'그래, 난 아직 더 성장해야 해. 나이 들었다고 성장하지 않고 늙어간다는 것은 너무 슬픈 일이야.'

늘 불안하고 초조했던 이유도 찾은 것 같았다. 나만 낙오되면 어쩌나 하는 두려움이 나를 지배하고 있었다. 이제야 그 이유를 찾은 것 같았다. 그날부터 나는 도서관에 자주 가게 되었다. 내가 원하는 책은 맘껏 볼 수 있었다. 시간이 되면 서점에 들러 책을 골랐다. 내 삶에 새로운 방향이 나를 이끌고 있었다.

'간절하고 열렬한 소망을 가져라. 신념은 한계를 초월한다. 당신이 인생의 갈림길에 섰을 때 꼭 한 번 더 이 이야기를 상기해주기를 바란다. 날마다 마음속 성공을 그려라. 긍정적 자기 암시는 목표를 이루기 위한 가장 효과적인 자극이다.'

– 나폴레온 힐, 『놓치고 싶지 않은 나의 꿈 나의 인생 1』 중에서

내 독서 노트에는 이 글귀가 있다. 그때 읽으면서 나름 큰 감명을 받은 것을 적어놓은 것이다.

나에게는 언니가 있다. 오빠가 다섯이지만 언니는 오로지 한 명이다. 언니는 나보다 여덟 살 손위로 나를 업어 키웠다. 어린 나이에 농사일 바쁜 어머니를 도와 집안일을 도맡아하며 정말 고생을 많이 했다. 나에게는 둘도 없는 자상한 언니이며 늘 옆에서 돌봐주고 어머니를 대신한 유일한 사람이다. 언니는 어렸을 때부터 살림을 잘했다. 음식도 잘하고 집안 살림도 너무 깨끗하게 잘했다. 어린 나이에도 빨래를 하면 구멍 난 양말을 꿰매어놓고 집안 곳곳을 깔끔하게 정리했다. 동네에서는 칭찬이 끊이지 않았다. 그렇게 어머니를 도우며 우리 집 형편이 나아지는 데 많은 기여를 했다. 그런데 일이 너무 많아 감당을 못하고 가출한 적도 있었다. 어머니는 고생만 너무 시켰다며 늘 마음 아파하셨다. 결혼을 해서도 너무 순하고 욕심 없는 착한 형부를 대신해 생활 전선에 나섰다. 음식 솜씨가 좋아 식당을 하며 생활을 꾸렸다. 새벽부터 밤까지 정말 부지런하게 일했다.

나에게는 김치며 반찬이 떨어지는 일이 없었다. 내가 가장 어려울 때도 쌀이며 부식은 언니의 몫이었다. 오죽하면 이 나이에도 김장을 한 기억이 별로 없다. 나에게는 돌아가신 어머니처럼 힘들 때 의지되는 기둥이었다. 언니는 정말 오뚝이 같은 사람이다. 아무리 어렵고 힘들어도 긍정적이고 뭐든 할 수 있다고 큰소리로 말한다. 늘 하는 말이 "사람이 하는 일인데 안 되는 게 어디 있어.", "뭐든 다 할 수 있어."이다. 항상 성장하는 모습이다. 새벽 3시에 일어나 김치 담그고 음식 준비하면서도 항상 에너지가 넘친다. 난 제발 몸 생각하라며 말려도 소용없다. 언니의 타고난 재능과 성향을 맘껏 발휘한다. 아무리 바빠도 옷차림도 깔끔하게 하고 다닌다. 칠순이 다가오는 나이에도 젊은 사람한테 뒤지지 않는 패션 감각도 있다. 늘 주변 사람에게 인심도 좋아 어디가나 사람이 주변에 끊이질 않는다. 난 그런 언니가 부럽기도 하고 삶을 대하는 태도가 너무 존경스럽다.

그런데 언니가 요즘 많이 아프다. 여태 큰 병 한 번 앓지 않다가 한 번 병이 나기 시작하더니 이곳저곳 성한 곳이 없단다. 위에 종양이 있어 수술 날짜를 잡았는데 심장이 이상이 있어 다시 검사를 해야 한단다. 나에게는 아무렇지 않은 척하지만 그 심정이 오죽하랴. 나 또한 하늘이 무너지는 기분이다. 언니는 나에게 넌 팔자가 좋은데 나만 이러냐고 가끔은 원망의 소리를 했다. 여덟 살에 태어난 동생이 늘 무겁게 매달려 있어 친구들과 놀지를 못했단다. 오죽하면 언니 친구의 할머니는 언니한테 애기 봐줄 테니 자기 손녀딸과 놀아 달라고 했단다. 언니에게는 참으로 어린 시절이 슬프고 원망스러운 기억만 남았다 한다. 학교 갔다가 좀 늦으면 화내는 어머니가 무서워 집에 들어오기도 겁이 났다고 했다.

그런데 막내로 태어난 나는 어려움 없이 학교 다니고 하고 싶은 것은 떼쓰면 다 들어주시는 부모님 때문에 나에게는 화가 나도 하나밖에 없는 동생이라 정성을 다했다. 나에게는 언니는 넘을 수 없는 산 같은 존재이다. 항상 부지런하고 뭐든지 잘하는 언니를 보면 별다른 재주가 없는 나는 부럽기만 했다. 오늘 새벽 일어나기 전에 언니가 꿈에 나타났다. 음식을 아주 잘 먹었다며 웃는 얼굴이 괜히 마음이 무겁다. 나에게 언니가 없다는 것은 상상할 수도 없는 일이다. 늘 내 곁에서 나를 지켜주며 힘들고 어려운 일이 있을 때 나타나 해결해주는 원더우먼 같은 존재이다. 그래서 더 성공하고 부자가 되고 싶은 이유이기도 하다.

내가 꿈을 갖고 지치지 않도록 늘 옆에서 응원해주고 지켜준 언니가 내가 원하는 꿈을 이루어내고 성장하는 모습을 보여주고 싶다. '중단하는 자는 결코 승리를 얻지 못한다. 반면 승리자는 결코 중단하는 일이 없다.'는 말을 가슴에 새겨본다. 난 반드시 성장하는 어른이 될 것이다. 난 반드시 성공할 것이다.

나는 인생의 어느 계절에 와 있는가

얼마 전 지인이 사는 아파트에 볼일이 있어서 들렀을 때의 일이다. 어린 아이와 아주머니 한 분이 내가 서 있는 엘리베이터 앞으로 다가왔다. 아주머니 양손에는 잔뜩 짐이 들려 있었다. 엘리베이터 문이 열리고 안으로 들어섰는데 내가 가려는 층수를 누르고 나니 아주머니가 아이에게 "할머니한테 눌러 달라고 해." 하고 말했다. 당연히 엘리베이터 안에는 아이와 아주머니, 나 셋밖에 없었다. 난 깜짝 놀라서 돌아봤지만 이내 "아, 그래. 아가야, 몇 층 가니?" 태연한 척하며 눌러주었다. 먼저 그 둘이 내리고 나니 갑자기 '아! 이제 내가 진짜 할머니가 되었구나!' 하는 묘한 감정이 밀려왔다. 집에서 아이들한테 늘 듣던 말인데도 왜 그렇게 충격적으로 느껴졌을까?

늘 밖에서는 일찍 할머니가 된 덕에 내가 손주들이 있는 할머니라 소개를 해도 전혀 할머니 같지 않다며 놀라는 사람들이 많았다. 심지어 크게 "누가 할머니라 해?" 하며 놀라는 척해 주면 그게 일부러 하는 위로의 말일지라도 기분이 전혀 나쁘지 않았다. 나름대로는 날 전혀 모르는 사람이 할머니라 하니 내 외모가 이제는 할머니로 느껴진다니 정말 늙었나 하는 서글픔까지 느껴졌다.

우리는 봄, 여름, 가을, 겨울, 사계절을 순환하며 산다. 따사로운 봄, 뜨거운 여름, 시원한 가을, 추운 계절인 겨울, 이렇게 사계절을 견디며 나이를 먹어간다. 인생에도 봄, 여름, 가을, 겨울, 사계절이 있는 것일까. 그렇다면 나는 지금 어느 계절에 와 있는 것일까. 봄은 우리가 태어나서 어느 정도 성숙할 때까지 시간일 것이다.

난 어린 시절 아버지가 겨울에 사랑방에서 볏짚으로 새끼를 꼬면 그 옆에서 라디오를 틀어놓고 연속극을 들었다. 유일하게 어머니, 아버지와 함께하는 유일한 취미이자 일 년 사계절 중 가장 한가한 시간이었다. 화로에서는 고구마가 익어가고 연속극을 들으며 울고 웃곤 했다. 어찌 보면 텔레비전이 없는 시절 가장 행복한 시간이었던 것 같다. 그때 감성이 지금도 나를 지배한다고 생각한다. 연속극에서 느꼈던 슬픔과 기쁨의 감성을 편지로 어버이날이나 군대 간 오빠에게 편지를 써 보내면 부모님은 읽어보라며 눈물을 글썽이며 좋아하셨다. 특히 한글을 못 읽는 어머니는 더 좋아하셨다.

사랑방 반을 차지한 고구마가 거의 없어질 쯤이면 겨울이 끝나는 신호였다. 수수깡 대를 엮어서 만든 고구마 망은 방의 절반을 차지했고, 식구들의 유일한 간식이자 부족한 식량을 대신했다. 그게 걷어지면 겨울이 끝났다는 신호이자, 어머니, 아버지의 바쁜 농사일이 시작된다는 신호였기에 나는 너무 싫었다. 어머니가 밭에 안 가고 한가로이 같이 있는 게 너무 좋았다. 식구가 많아 먹을 게 부족해 고구마나 감자로 끼니를 대신해도 지금 생각하니 너무 따뜻하고 좋은 시절이었다. 위로 오빠들 셋이 자기들끼리 노느라 그들 방에는 들어오지 못하게 하고 같이 놀아 주지 않아 속상한 적이 많았지만 그래도 너무 좋은 시절이었다.

지금도 처마 밑의 고드름이 녹는 물 떨어지는 소리가 들리는 듯하다. 어렸을 때는 가끔 그 처마 밑에서 하염없이 떨어지는 물방울을 보며 고드름이 작아지면 흘러가는 물줄기가 되는 게 신기하게 느껴졌다. 마음이 따사로운 봄볕에 녹는 기분이다.

그렇게 시간이 흘렀다. 결혼을 하고 아이를 낳고 여러 가지 우여곡절을 겪으며 사는 것이 뜨거운 여름에 해당되리라. 아버님은 신혼여행 출발할 때 집을 계약했다며 알려주셨다. 전세로 집을 얻었는데 아예 매매로 집을 계약하셨다며 편히 다녀오라 하셨다.

17평의 작은집이었지만 우리에게는 더없이 행복한 집이었다. 내 집에서 시작해서 부족함이 없었다. 친구들이 늘 많이 드나들었다. 친정식구들도 행사 때는 자주 모였다. 사람들이 늘 북적였다. 이곳에서 아들과 딸을 낳아 키웠다. 나를 비롯해 내 또래 어머니들이 꽤나 많았다. 같이 밥해 먹고 차 마시고 모두들 친하게 지냈다. 매일매일 아이들을 데리고 나와서 자전거 태우고 장난감 자동차로 경주시키고 어머니들끼리도 재미있게 지냈다. 저녁이면 근처 포도밭으로 포도를 사러 갔다. 지금은 모두 아파트 단지로 개발되어서 흔적도 없는 곳이지만 그때는 창밖으로 너른 논과 밭이 있는 경관 좋고 아름다운 곳이었다.

지금 생각하면 그때가 결혼하고 나서는 가장 행복한 때였던 것 같다. 낮에는 아이들과 동네 친구들과 재미나게 놀다가 애들 낮잠 재우고 간단히 저녁 준비하고 다시 아이들 데리고 퇴근하는 남편을 버스 정류장까지 마중하러 갔다. 일층에 사는 할머니는 딸네 아이들을 키워주고 계셨다. 딸 둘이 초등학교 교사라서 애들을 키워주셔야 했다. 아이들을 데리고 나와서 늘 같이 어울리시면서 우리에게 지금이 가장 좋은 때라고 말씀하셨다. 그러나 매일 육아에 지친 나로서는 힘들어 죽겠는데 왜 좋은 때라 하시는지 솔직히 이해가 되지는 않았다.

그런데 세월이 흘러 생각하니 그때가 왜 좋은 시절이라 하시는지 이해가 간다. 그때가 가장 편하고 아이들 때문에 세상살이 밖으로 나오지 않았기 때문에 좋은 때라고 하셨나 싶다. 남편이 사업을 한다고 느닷없이 직장을 그만둘 때까지는 정말 평화롭고 행복했다.

남편이 사업을 시작하자 모든 게 변하기 시작했다. 아이만 키우려했던 나도 돕지 않을 수 없었다. 처음에는 보조로 약간씩의 도움만 주려했는데 시간이 흐를수록 내가 해야 할 일이 많아졌다. 남편은 누구한테 아쉬운 소리를 못하는 성격이라 은행 가서 어음 타는 일마저도 나에게 맡겼다. 어음을 막는 자금까지 모든 일이 내 차지였다. 보조에서 주객전도가 되어버렸다. 하나에서 열까지 모두 나의 손을 거쳐야 하는 일이 되었다.

아이들을 시어머님께 맡기고 아예 나설 수밖에 없었다. 주말에만 데려와서 월요일 아침 할머니한테 데리고 가면 떨어지기 싫어 울고불고 하는 딸아이 때문에 매일 실랑이를 해야 했다. 가슴이 너무 아파도 어쩔 수 없이 떼어놓고 와야 했다. 지금도 생각하면 그때 일이 너무 가슴이 아프고 미안하다. 그래서 나는 요즘도 아이들에게 어느 정도 클 때까지는 아이들을 직접 키우라고 말한다. 어머니가 같이 있어줘야 하는 시기가 있는데 지나고 나니 너무 후회된다고, 그 시절이 다시는 돌아오지 않으니 아이들과 함께 보내라고 말한다.

결국 화재가 나서 모든 걸 정리해버렸지만 그때는 전부인 줄 알고 매달렸던 게 너무 어리석은 짓처럼 느껴진다. 몇 시간 만에 모든 것이 잿더미가 되었고 일어서려고 발버둥 치던 몇 년은 정말 치열했다. 그러나 결국 견디지 못하고 부도를 낼 수밖에 없었다.

사업을 정리하고 정말 활화산처럼 타버린 기분이었다. 십여 년을 넘게 공들여 왔는데 정리를 한다는 것은 정말 어려운 일이었다. 미련을 버리지 못하는 남편 대신 내가 먼저 결정했다. 결국 남편도 따라서 정리를 했다. 그렇게 우리의 뜨거웠던 시절이 막을 내렸다. 우리의 청춘이 날아간 기분이었다.

그때가 계절로 치면 여름이었을까? 내 인생의 가장 뜨거웠던 여름이었을까. 나는 지금 어느 계절에 와 있는 걸까. 부모님의 따뜻한 보호 아래 근심 걱정 없던 따뜻했던 시간들이 봄이었고, 치열한 생존의 시간들이 여름이었다면 지금은 당연히 가을이어야 하지 않을까. 그런데 왜 난 아직도 나는 내 인생이 뜨거운 여름처럼 느껴질까. 인생에서 가을이란 농사를 지어서 어느 정도 수확할 게 많은 때일 텐데 나는 아직 해야 할 일이 너무 많다. 아직은 내가 원하는 만큼 이룬 것이 없다.

그래서 밤에 잠 못 이루고 무엇을 해야 내가 정말 행복한 마음으로 살아갈까 늘 고민한다. 아직 길을 못 찾은 것 같다. 뜨거운 길 위에 서있는 것처럼 느껴진다. 어쩌면 내가 이 마음을 즐기고 있는지도 모르겠다. 인생의 황혼이나 막바지라는 말을 인정하기 싫어서 억지를 부리고 있는지도 모른다. 하지만 나는 뜨거운 내 인생을 더 살아가고 싶다. 그저 지나가는 어린아이도 할머니라고 부르는 겉모습의 변화는 있을지언정 나는 내 마음속에 타오르는 뜨거운 열정을 스스로 꺼트리고 싶지는 않다. 그래서 뜨거운 태양 아래 잘 익은 과일로 내 인생을 만들고 싶다.

이제라도 누구의 아내, 어머니가 아닌 나를 찾고 싶다면 웃을 일일까? 나이가 있으니 가만히 흘러가는 세월에 만족하며 살아가야 할까? 아니다. 다른 사람들의 시선이 두려워 그저 얌전히 살고 싶지 않다. 비록 인생의 사계에서는 가을이라 해도 나는 아직은 뜨거운 여름을 살고 싶다. 그래서 열정을 다시 불태울 일을 찾고 싶고, 하고 싶다. 그리하여 진정으로 인정받고 내가 행복한 내 인생의 의미를 찾고 싶다.

2장.

인생에
늦은 나이란
없다

인생에 늦은 나이란 없다

나이가 들어가고 있다는 것은 어쩌면 그 나이에 맞는 삶을 산 사람들에게 주어지는 훈장이 아닐까. 나는 쉰이라는 나이에 공인중개사 자격증을 취득했다. 올해만도 32만 명이라는 사람이 시험에 응시했다. 그중 합격자는 2만여명밖에 안 된다. 어떤 사람들은 별거 아닌 것처럼 말해도 나에게는 대단한 도전이었고 삶을 송두리째 바꾸어버린 것처럼 어려운 결정이었다. 생계를 책임져야 해서 일하러 다니면서 공부해야 했다. 그렇다고 소문을 내거나 엄살을 부릴 형편도 아니었다. 그저 막다른 골목길에서 빛이 비추는 길이 너무 희미해도 보이는 것은 그 길밖에 없었기에 따라가야 했다.

나는 스물일곱에 유아 교육과에 입학했다. 아버지가 돌아가시면서 공부를 포기했지만 늘 학업에 대한 미련으로 가슴 한쪽이 허전했다. 아버지가 돌아가시고 오빠도 졸업하고 어느 정도 집 형편이 안정되자 어머니에게 졸라서 공부하겠다고 했다. 그 당시 조금 쉽게 갈 수 있는 유아 교육과를 선택했다. 어떤 것이라도 공부만 할 수 있다면 뭐든 다 괜찮았다. 어머니는 다들 시집가는데 무슨 공부냐 하면서도 뒷바라지를 해주셨다.

아버지가 돌아가시고 의지하며 살던 딸이라 더 애틋하고 딸에 대한 애정도 기대도 남달랐다. 늦게 시작했지만 공부하기 전부터 사귀던 남자친구와 졸업과 동시에 결혼을 하게 되었다. 옆에서 늘 응원해주고 뭐든지 이해해주는 좋은 사람이었기에 서로 손을 놓지 않고 인생을 함께하고자 다짐했다.

아이를 낳고 결혼 생활을 하면서 공부와는 멀어져 갔다. 거의 연년생으로 아이들이 생겼기에 아무 생각 없이 아이들 키우는 데만 집중할 수밖에 없었다. 그러나 잠깐이라도 틈이 생기면 또 무엇을 해야 하나하고 늘 두리번거리며 목마름에 갈증이 났다. 배움에 대한 갈증은 마치 미열처럼 나를 괴롭혔다. 집은 아버님이 장만해주셔서 아이 키우며 별 부족함 없이 살 만했고 재미있게 살고 있었다. 휴일이면 낚시 다니고 아이들과 함께 산책하고 주변 사람들과 어울리며 어렵게 공부한 것도 잊어버리고 살았다.

그러던 중, 결혼하고 직장에 잘 다니던 남편이 더는 못 다니겠다며 사업을 하겠다고 나섰다. 그것은 우리에게 삶을 변형시키는 결과를 초래했다. 도매업이라 작게 시작했지만 규모는 빠르게 커졌다. 남편 혼자 할 수 없는 일이라서 아버님과 내가 나서야 했다. 아이들은 시어머니께 맡겼다. 아침부터 나가서 일을 시작하면 밤에 배달까지 하고 새벽이 되어서야 끝나는 게 다반사였다. 너무 바쁜 일상이었다. 늘 피곤해서 피곤하지 않으면 오히려 이상한 기분일 정도로 바쁘고 피곤했다.

그렇게 잘 커가던 사업장에 불이 나기 전에는 모든 게 순조로웠다. 남편은 이제는 아이들에게 집중하라며 조금씩 일에서 나를 배려해주던 참이었다. 참으로 기이한 일처럼 느껴졌다. 왜 이런 일이 생겼지? 믿어지지도 믿을 수도 없었지만 그것은 현실이었다. 현실로 자각할 때쯤에는 이미 기울어진 난파선처럼 손을 쓸 수 없는 지경이었다. 그렇게 아우성처럼 몇 년을 겪었다. 결국 내가 먼저 모든 걸 포기한 후에야 정리가 될 수 있었다. 미련을 버리지 못하던 남편도 그제야 따라서 그곳을 떠날 수 있었다. 난 새로운 꿈을 꾸기 시작했다. 물론 형편은 말할 수 없이 어려워졌다.

밤늦도록 남편이 들어오지 않고 있었다. 난 일을 갔다가 들어와서 피곤한 채로 잠깐 눈을 붙일까 하는데 벨이 울렸다.

"난데, 아무래도 나 다친 것 같아."

"어딜?"

"자전거 타다가 넘어졌는데 다리가 안 움직이네."

부리나케 옷을 챙겨 입고 밖으로 뛰어나갔다. 길을 건너니 어두운 곳 저만치서 다리를 절룩이며 힘겹게 자전거를 끌고 남편이 올라오고 있었다. 눈에 보이는 것만도 감사하긴 해도 그 모습을 보자 그동안 참아왔던 설움과 고통과 분노가 폭발했다. 그곳은 차가 많이 다니는 대로변이었다. 바로 옆에 교회가 있었고 비탈길이라 다친 사람이 걷긴 쉽지 않았다.

나는 남편을 붙잡고 통곡을 했다. 자전거를 끌고 올라오면서 길가에서 큰 소리로 소리를 질러가며 울었다. 다행히 열두 시가 넘어 오가는 사람이 없었다. 남편은 차비를 아끼려고, 아니, 차비가 없어서 친구에게서 자전거를 얻어 타고 오는 길이라고 했다. 택시가 갑자기 끼어들어서 넘어졌는데 발목이 돌아갔고 그 택시는 그냥 갔다며 간신히 다리를 끌면서 왔다며 미안해했다. 그 깊은 밤에 아무도 우리를 아는 사람도 없었고 눈여겨보는 사람도 없으니 맘껏 울고 소리 지를 수 있었다. 처음으로 마음 놓고 울어본 곳이다. 그동안 참아왔던 모든 것을 쏟아내었다. 지금도 나는 그곳을 통곡의 비탈길이라 한다. 한 번도 아내의 이런 모습을 본적이 없는 남편은 적잖이 당황하는 모습이었다. "이 사람이 왜 이래?" 하더니 잠자코 바닥에 주저앉아 기다려주었다. 잠시 얼굴에 물기가 번지는 게 느껴졌다. 자신의 처지가 얼마나 한심하고 막막한지 하소연할 데도 없이 속으로만 삼키던 고뇌가 느껴졌다.

한참을 그렇게 시간을 보내다가 다시 절룩이는 남편을 부축해서 집으로 돌아왔다. 당장 병원을 가야 했지만 돈이 없어 갈 수 없었다. 집에서 밤을 지샌 후 친구가 소개해준 병원에 갔다. 병원비를 외상으로 하고 다리가 부러져서 입원을 해야 했다. 같이 시장에서 모임 하던 동문들이 소식을 듣고 병원비를 추렴해주었다. 아버님은 이런 때일수록 정신을 차려야 하는데 술 먹고 다니다 다쳤다며 노발대발하시고 모른 척하셨다. 난 모든 사람과 연락을 끊었기에 그저 시간이 가기만을 기다렸다. 아무도 찾아주지 않는 병원에서 남편은 모처럼 본인을 돌아보고 고단했던 삶에서 잠시 휴식을 취했다.

집으로 돌아온 남편은 자신감을 잃었는지 전혀 일할 기미가 보이지 않았다. 십수 년을 일만 해서 쉬고 싶은 심정이 이해가 되어서 처음에는 어찌 되었든 아무 말하지 않았다. 몇 달이 지나자 인내심이 바닥이 났다.

"더 이상 이렇게 살 수는 없으니 일을 하던지, 나가던지."

남편은 아직 다리가 낫지 않았다며 서운해했다. 알아보고는 있었지만 마땅한 자리도 없었다. 하지만 그 다음날부터 바로 일하기 시작했다. 아내가 하는 말에 대해서 한 번도 지나치지 않는 남편이 고마웠다.

남편은 쉬지 않고 일했다. 새벽에 나가 일하고 들어와 잠깐 쉬었다가 저녁에 나가 일하고 밤늦게 돌아와 잠깐 자고 다시 새벽에 나갔다. 그렇게 무리하니 몸에 이상이 생기기 시작했다.

그사이에도 나는 가만히 있을 수 없었다. 다니던 공장이 어려워졌다며 구조 조정을 해서 인원감축을 한다고 하자 남편은 잘 되었다며 그사이 공부를 하라며 격려해주었다. 우리 형편에 안 된다 하니 자기가 좀 더 열심히 벌 테니 걱정 말고 공부하라며 안심시켜주었다. 같이 사는 시어머님은 직장에 나가지 않는 며느리가 갑자기 불안하신지 차비라도 네가 벌었으면 좋겠다며 넌지시 말씀하셨다. 눈치가 보여서 쉴 수도 없었다. 다시 일하며 공부하게 되었다. 고단한 일상이지만 희망의 끈을 놓지는 않았다.

하루에도 몇 번씩 오가는 길에는 장미꽃이 흐드러지게 피어 있었다. 그 붉은 장미는 오랜 시간을 피어서 자신의 아름다움을 자랑했다. 나는 그 꽃을 보며 내 신세를 한탄하기도 했다.

'그래, 나도 너처럼 불타오르는 아름다운 시절도 있었지.'

무엇이든 할 수 있는 자신감이 넘치는 시절도 있었다. 그런데 지금의 나는? 갑자기 눈물이 쏟아졌다. 시든 잎처럼 얼굴에는 잔주름이 늘어가고 피부는 푸석거리고 머리에는 염색으로 감추지 않으면 반백이라 할 만큼 흰머리가 늘어가고 있었다. 난 그 꽃 앞에서 한동안을 서서 가슴속에 차오르는 슬픔을 삼켰다.

다시 힘을 내자. 나이는 나이일 뿐, 숫자에 불과할 뿐, 이 세상에 늦은 나이란 없다. 늦은 마음만 있을 뿐이다. 사람들은 나이가 들면 '내가 이 나이에 뭘 할 수 있겠어.' 하며 모든 걸 포기한다. 흔한 말로 내려놓는다고 표현한다. 때에 따라서는 내려놓는 것도 필요할 것이다. 하지만 나는 내려놓을 수도 포기할 수도 없다. 하고 싶은 것도 많다. 해야 할 일도 많다. 그래서 끊임없이 달려왔다. 나는 앞으로도 그럴 것이다. 열심히 달려갈 것이다. 절대 포기하지 않을 것이다. 이 세상에 늦은 나이란 없다.

어제 읽은 문구 중에, '사람은 늙고 나이 들어서 새로운 도전에 대한 꿈을 중단하는 것이 아니라, 새로운 도전에 대한 꿈을 접을 때 늙는다.'(엘링 카게, 라이온북스, 『생각만큼 어렵지 않다』 중에서)라는 구절이 가슴에 와 닿았다.

나는 자꾸만 딴짓이 하고 싶다

"우리 순둥이 잘 잤나?"

나는 어렸을 때부터 순하고 둥글둥글해서 온 동네 사람들이 순둥이라고 불렀다. 우리 마을은 30여 가구도 안 되는 작은 시골 마을이었다. 김 씨들의 집성촌이었다. 우리와 큰집이 이 씨이고, 장 씨가 한두 집, 최 씨가 한두 집 정도였다. 나머지는 모두 김 씨였다. 누구네 밥그릇이 몇 개고 숟가락 숫자까지 셀 수 있을 정도로 가깝게 지내는 이웃들이었다. 동네 사람들은 자주 어울려서 같이 놀고먹고 하며 지냈다.

농사일이 바쁠 때는 서로 품앗이로 도왔다. 가을걷이 때는 모두들 모여 타작을 했다. 탈곡기가 윙윙 돌아가고 도리깨로 두들기며 곡식을 털어 냈다. 새벽부터 동네 사람들이 모여 일하고 순서대로 집집마다 곡식을 거두었다. 그리고 나면 겨울이 깊어져 있었다. 동네 어른들은 그때부터 일 년 중 유일하게 쉴 수 있는 시간이다.

우리 집 사랑방은 종종 아저씨들이 모여 들었다. 가끔 민화투라는 오락들을 하셨다. 어머니는 밤늦게 국수를 삶아 김치와 비벼서 내놓으셨다. 배고픈 우리에게도 그날은 눈치 안 보고 먹을 수 있는 날이었다. 자주 하면 성가실텐데 어머니는 싫은 내색 없이 늘 대접을 잘하셨다. 가끔은 윗집 아저씨가 밭떼기를 노름으로 잃었다는 불미스러운 소식도 들렸다. 아버지는 노름에 전혀 관심이 없으셔서 어머니는 국수라도 비벼서 그에 대한 고마움의 표시를 한 것처럼 보였다. 밤 열두 시가 되면 아저씨들이 모두 돌아가시고 우리도 잠들 수 있었다. 아늑하고 포근한 밤이었다. 맘껏 돌아다니는 쥐들의 소리만 들려왔다.

우리 집은 동네 입구에 있는 첫 집이다. 동네 사람들이 오갈 때 우리 집 앞을 지나야 했다. 그래서 사랑채를 짓기 전에는 안채가 다 보이는 집이어서 누구든 쉽게 드나들고 쉬었다 가는 곳이었다. 동네 사람들의 쉼터였다. 어머니는 손이 커서 뭐든 척척 내놓아 동네 사람들이 모두 좋아했다. 옛날 우리 동네는 동네 어른들 생일이면 모두 모여 밥을 먹었다. 방송에서 누구누구네 아버지 생일이니 식사하러 오시라고 하면 그 집에서 교자상을 여러 개 놓고 마루가 좁으면 마당에 멍석을 놓고 먹었다. 물론 아이들까지는 아니었다. 그래도 가끔은 어머니는 막내인 나는 데리고 가셨다. 그날은 미역국에 쌀밥을 말아 고기반찬과 실컷 먹을 수 있었다. 오빠들은 나만 데리고 가는 어머니한테 서운해했지만 무서운 어머니에게 말은 못하고 나만 흘겨보았다.

"새벽종이 울렸네. 새 아침이 밝았네."

초등학교 시절 우리는 일요일 아침이면 새벽 여섯 시에 청소를 나가야 했다. 새마을 청소였다. 그때는 초등학생인 우리도 예외는 아니었다. 새벽에 아버지가 만들어 주신 싸리비를 끌고 동네 앞에 길을 쓸었다. 차가 많이 다니지 않던 시절이라 집 앞부터 제법 떨어진 초등학교 앞까지 쓸었다. 지금은 대로가 되어 그 시절은 상상할 수 없는 곳이 되었다. 청소가 끝나고 나면 빗자루를 어깨에 메고 친구들과 휘파람 불며 돌아왔다. 지금도 그 시절이 눈에 훤하다.

새마을 청소를 나갔다가 사고를 당했다. 내 또래의 친구가 일곱 명이었다. 그때는 모두 형제가 많던 시절이었다. 모두 띠도 같고 여자들이라 친하게 지냈다. 그중 한 명과 장난을 치며 뛰어 반대편으로 도망치려다 달려오는 트럭과 부딪쳤다. 빗자루를 들고 쫓아오던 친구도 나도 아차 하는 순간이었다. 넘어진 내 다리 앞에 트럭 바퀴가 갑자기 홱 돌아서 옆 밭으로 고꾸라졌다. 어머니의 악쓰는 소리가 멀리서도 들려왔다. 모든 걸 볼 수 있는 동네 첫 집이라 훤히 보이는 길에 딸이 차와 부딪치는 모습에 기겁하며 뛰어 오셨다. 다행히 바로 핸들을 돌린 아저씨 덕에 크게 다치진 않았다. 넘어지며 다친 다리에는 지금도 흉터가 남아 있다.

며칠 간 입원하고 무사히 집으로 돌아왔다. 기사 아저씨 말대로 참으로 운이 좋았다. 한 바퀴만 더 갔어도 다리가 깔릴 수 있는 상황이었다. 아저씨는 차에 깔린 줄 알고 몸이 떨려서 차에서 한동안 못 내렸다고 한다. 내가 산 게 다행이라며 고맙다 했다. 가끔은 나도 내가 운이 좋은 사람이라는 생각을 하는데 이때 겪은 일 때문인 듯하다. 그 친구와는 왜 그리 장난이 심했는지 지금도 웃음이 난다.

어느 날인가는 빗자루를 들고 쫓아오는 그 친구를 피해 도망치다가 큰오빠가 해놓은 통나무에 정강이를 부딪쳤다. 아! 하고 넘어졌다가 일어나니 다리에서는 피가 줄줄 흐르고 있었다. 뼈도 안쪽으로 들어간 것 같았다. 앙하고 크게 울며 뒤돌아서는 순간 큰오빠가 그곳에서 노려보고 있었다. 난 울던 입을 다물었다. 친구는 겁에 질려 도망가버렸다.

큰오빠는 우리 집에서는 절대 권력자요, 가장 어려운 존재였다. 어머니는 큰오빠를 우상처럼 섬겼다. 제일 먼저 낳은 오빠를 잃어버려서인지 큰오빠에 대한 애착이 남달랐다. 어려서부터 우리 형제들에게도 큰오빠에 대한 충성심을 강요했다. 우리 집은 호랑이보다 무서운 게 큰오빠였다. '너 잘못하면 큰형한테 이른다.', '너 잘못하면 큰오빠한테 이른다.' 이게 가장 무서운 말이었다. 그렇다고 포악하거나 횡포를 부리거나 난폭하지도 않았다. 잔소리도 하지 않았다. 반듯한 얼굴에 웃음기만 없었다. 동네 처녀들에겐 인기 만점이었다.

어린 나이에 많은 동생들을 지켜야 하고 아버지를 도와 모든 일을 해야 하니 힘든 일상에 늘 과묵했다. 언니 말에 의하면 밥 먹으러 왔을 때 밥상이 늦어지면 못 참고 바로 일어서 굶고 일했다고 한다. 어머니는 애가 타서 밥상 늦게 차린 언니를 나무랐다. 밥 먹을 때도 큰오빠와 먹으면 말 한마디도 못했다. 오빠한테 혼난다며 서로 눈치만 봤다. 오빠는 밥 먹는 시간을 5분을 안 넘겼다. 순식간에 먹고 나가면 우리는 그때부터 편하게 숟가락질을 했다.

다른 오빠들 누구도 큰오빠와 싸우거나 대드는 것을 본 적이 없다. 싸움이란 있을 수 없었다. 어머니가 무조건 큰아들, 큰아들 하니 아무도 거기에 토를 달지 않았다. 오죽하면 어머니는 큰오빠가 입대하자 한 달을 매일 같이 울었다. 어린 내가 보기에도 이해가 안 갈 정도였다.

큰오빠 입대하는 날, 큰어머니가 서울 딸네 집에 갔다가 못 오셨다. 그 다음

날 큰어머니가 오셨다. 너무 미안하며 사과하는데 어머니는 홱 하고 돌아서셨다. 딴에는 미안하다고 오셨다가 무안을 당하자 그길로 가셔서 한동안 왕래 없이 지냈다. 어머니의 극진한 그 사랑이 오빠에겐 엄청 버겁고 큰 짐이었으리라. 큰오빠는 동생들에 대한 책임감에서 벗어날 수 없었다. 가끔은 말없이 우수에 찬 큰 눈이 무섭기도 하고 슬프기도 했다.

"아니? 왜 이래? 왜 다쳤어?"

어머니는 마루에서 동네 아주머니들과 이야기 나누던 중이었다. 피가 흐르는 다리를 절뚝이며 내가 들어가자 어머니는 놀라서 뛰어 나왔다. 오빠가 뒤에 서 있었다. 옆집 경애랑 장난치다가 부닥쳤다며 말하고는 나갔다. 그제서야 어머니는 "아이구, 이렇게 많아 다쳤는데도 큰오빠가 무서워서 울지 못 했구나." 하셨다. 나는 "으앙!" 하고 참았던 울음을 터트렸다. 큰오빠가 무서워서 울지 못한다는 걸 알아준 어머니 때문에 더 서러웠다.

그렇게 큰오빠는 어머니의 비호 아래 장남으로서 할 일을 다 했다. 아버지가 돌아가시고는 그 무게가 더했다. 부지런히 농사지어서 동생들의 식량도 대야 했고 학비도 대야 했다. 동생들 학교까지 찾아다니며 형 노릇을 했다. 짧은 학력에도 누구와도 대화가 되는 사람이었다. 조카를 둘만 두어 더 낳으라고 하니 동생들이 많아 안 낳는다고 큰올케 언니는 볼멘소리를 했다. 지금

올케 언니는 그때 더 낳을 걸 그랬다며 가끔 아쉬워하는 눈치이다.

난 지금도 큰오빠가 너무 좋다. 언젠가 휴가 나온 오빠와 버스를 같이 탄 적이 있었다. 부끄러워서 대놓고 아는 척도 못하고 있었다. 그런데 저만치 어떤 아가씨가 오빠한테 눈을 못 떼고 계속 흘끔거리고 있었다. 내가 보기에도 오빠한테 반한 눈치였다. 속으로 '우리 오빤데 어딜!' 하면서도 기분이 좋았다. 우리가 먼저 내리자 너무 아쉬워하는 그 장면이 나는 아직도 눈에 선하다. 지금은 나이 들어 옛 모습은 없어도 당당하고 기죽지 않는 모습이 좋다.

내가 결혼이 늦어지고 공부한다고 나돌아 다녀도 오빠는 한 번도 싫은 내색을 하지 않았다. 그래서 모든 게 당연하게 느껴졌다. 결혼 후 하루는 오빠하고 조카하고 하는 얘기를 듣게 되었다.

"아빠, 나도 고모처럼 늦게 결혼해도 돼?"

그러자 오빠는 망설임도 없이 "아니, 너까지 그러면 난 죽어버릴 거야." 하면서 웃었다. 난 간절했던 오빠의 마음이 느껴졌다. 늦게 결혼하는 동생 때문에 얼마나 속이 탔을까. 겁 없이 돌아다니는 동생들 때문에 얼마나 많은 시간을 맘 졸이며 지냈을까. 내색하지 않던 모든 마음이 그 말 한마디에 다 들어 있었다. 내가 하는 엉뚱한 짓 때문에 힘들었을 오빠에게 너무 미안했다.

그래도 나는 지금도 자꾸 딴짓을 하고 싶다. 나는 바삐 사느라 제대로 오빠한테 감사하다는 말도 고마움의 표시도 하지 못했다. 이제는 기쁘게 해드리고 싶다. 아버지 대신 동생들을 보살피느라 고생한 오빠에게 내가 하는 딴짓이 기쁨이 되길 바란다. 자랑스러운 동생이 되고 싶다. 그래서 나는 자꾸 딴짓이 하고 싶다.

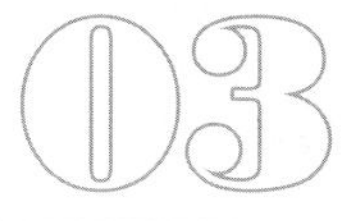

어느 날 갑자기 깨닫게 된 내 자리

어느 날 내가 이 세상에서 없어진다면 어떻게 될까? 가끔씩은 내가 없는 세상을 생각해본다. 지금껏 내가 이끌어온 모든 것과 작별해야 하는 날을 생각해본적이 있는가? 없었다. 지난 여름 수해가 났을 때 그때 처음으로 생각해본 것 같다. 흙더미와 함께 우당탕 쓸려 내려가는 커다란 나무들을 보며 마음이 편안해진 적이 있다. 모든 것에서 마음을 비웠다.

"어머니, 안녕히 주무세요."

아들은 인사를 하고 자러 갔다. 아들은 언제나 나의 정신적인 보호자요, 내가 살아가는 이유였다. 시어머님을 모시고 살다가 갑작스런 아들의 결혼으로 4대가 함께 사는 보기 드문 집이 되었다. 방 하나는 어머니, 또 하나는 딸, 그리고 느닷없는 결혼으로 같이 살게 된 아들 내외가 차지했다. 그리고 손녀 딸이 태어났다. 나는 갑자기 할머니가 되었다.

큰손녀는 너무 예쁜 아이다. 아이가 생기자 집안에 생기가 돌기 시작했다. 어른들만 있고 말수가 없어지던 집안에서 아이는 신비한 존재였다. 온기가 없던 집안에 온기가 돌기 시작하고 생기가 넘쳤다. 며느리는 맘도 곱고 특히 아이를 잘 키운다. 아이들에게 지극 정성이다. 인물도 좋고 성품도 좋다.

난 며느리가 아이를 낳기 전에 아들과 며느리를 불렀다. 난 선포를 했다. 아이가 태어나도 예뻐하지 않는다고 서운해하지 마라고 했다. 난 버릇없는 아이는 제일 싫어하니 아이를 오냐오냐 해줄 생각이 없으니 미리 그런 줄 알라고 했다. 일종의 엄포였다. 갑자기 임신을 하게 되어 결혼한 너희들의 책임이라는 것을 강조한 냉정한 표현이었다. 그렇게 세상에 나온 아이였다.

아이가 태어나 병원엘 갔다. 유리창에서 보에 쌓인 아기 모습이 보였다. 아들 어릴 때와 비슷한 모습이 보였다. 이유를 알 수 없는 전율이 느껴졌다. 그렇게 할머니가 되었다. 할머니는 나에겐 일종의 훈장이었다. 누구도 나에게

달아주지 않는 훈장인데 나는 할머니 자리가 시간이 갈수록 행복해졌다. 나는 너무도 충실한 할머니가 되려고 노력했다.

나에게도 할머니가 계셨다. 중학교 때, 어느 날인가 집에 가니 할머니가 계셨다. 할머니는 허리가 심하게 굽어서 꼬부랑 할머니라고 동네 사람들은 말했다. 체구가 작고 예쁘장하게 생기신 분이었다. 어머니 아버지가 서울에 작은아버지 댁에 갔다가 모시고 내려오셨다고 했다. 작은아버지는 동대문에서 장사를 하셨다. 그런대로 장사가 잘 되어 집도 장만하고 살 만하셨다. 어느 날 뉴스에 밀수 사건이 크게 터졌다는데 거기에 작은아버지가 연루되셨다. 갑자기 서울에서 잘살던 작은 집이 망했다. 할머니는 내가 태어나기도 전에 작은 집 오빠들을 키우러 서울로 가셨다.

어린 시절 나는 할머니가 없는 줄 알고 자랐다. 단 한 번, 작은아버지 생일에 어머니 아버지 따라가서 봤다. 힘없이 웃으시기만 하던 모습만 어렴풋이 생각나는 분이었다. 그날 어머니는 기분이 몹시 안 좋으셨다. 굉장히 화가 나 보이고 아버지한테도 쌀쌀맞게 대하셨다. 난 이유를 몰랐지만 할머니가 있다는 사실이 나쁘지는 않았다. 할머니는 사랑방에서 오빠들과 함께 지내셨다. 큰집이 한동네에 있었지만 큰어머니는 할머니를 얼씬도 못하게 하셨다.

어머니 아버지가 작은집에 궁금해서 들렀는데 형편이 어려워진 작은아들이 더이상 모실 수 없다며 갑자기 울며불며 데려가 달라고 하셔서 어쩔 수 없이 모시고 내려왔다고 어머니는 동네 아줌마들에게 한숨 섞인 하소연을 했다. 하지만 난 얌전한 할머니가 좋았다.

허리가 심하게 굽었지만 작은집의 남자 아이들만 다섯을 키워 낸 할머니는 집안일도 잘 거드셨다. 집안 구석구석 청소도 하시고 빨래도 하시고 갓 태어난 조카도 잘 돌봐주셨다. 어머니는 가끔 왜 내가 팔자에 없는 시어머니를 모셔야 하냐며 툴툴거리셨다. 아버지는 장날에 내게 주시는 땅콩에 사탕 한 봉지를 더 사서 할머니께 갖다 드렸다. 할머니는 "뭘 내 것까지…." 하며 좋아하셨다. 그때가 할머니한테는 가장 행복한 시절이었다.

할머니는 서울에서 크게 장사하는 막내아들이 애를 키워달라고 하자 주저 없이 올라가셨단다. 작은아버지는 그때만 해도 돈을 너무 잘 벌어서 집안의 모든 일을 도맡아 했다. 시골에서 출세했다고 돈이 무섭지 않은 시절이었다. 그렇지만 밀수 사건으로 작은아버지가 구속되자 가세가 완전히 기울었다. 할머니는 가끔씩 얼마나 힘들었는지 그때 얘기를 아버지에게 작은 소리로 말씀하셨다. 쌀이 떨어져 밥 한 술 먹는 것도 쉽지 않아 밥 한 그릇이라도 덜어주려고 내려왔다고 말씀하셨다.

아버지는 그런 할머니가 불쌍해서인지 아무 말도 없이 듣고만 계셨다. 가끔 아버지의 헛기침이 동생에 대한 안타까움으로 느껴졌다. 나는 방바닥에 엎드려 공부하는 척하며 할머니 아버지 얘기를 들었다. 아버지가 쉬는 숨소리에 한숨과 연민이 가득함을 어린 나도 느낄 수 있었다.

아버지는 할머니한테 극진했다. 어머니 눈치 봐가며 군것질거리도 잊지 않고 할머니께 사다드렸다. 똑같은 사탕도 꼭 두 봉지씩 사오셨다. 항상 형제가 많은 우리들 것과 할머니 몫은 분리해서 더 사오셨다. 순식간에 먹어치우는 우리들 먹성을 알고 계셨기에 할머니가 따로 넣어두고 드시게 하려는 아버지의 세심한 배려였다.

아버지의 병세가 깊어지자 할머니는 큰집으로 가실 수밖에 없었다. 아버지는 돌아가시기 전 어머니가 보고 싶다고 하셨다. 큰아버지가 돌아가시고 작은아버지 두 분 다 돌아가셨다. 아버지는 혼자서 그분들의 장례를 모두 치르셨다. 서울의 작은아버지들은 불과 일 년 사이로 돌아가셨다. 다 아버지의 몫이었다. 동네 사람들과 정성스레 장례를 치러주셨다. 타지에서 불귀의 객이 된 동생들을 고향에서 편히 쉴 수 있도록 하신 것도 다 아버지의 덕이었다.

할머니는 마지막 남아 있는 아버지마저 돌아가시자 급격히 노쇠하셨다. 큰어머니와 큰집 오빠의 구박도 심해졌다. 끈질긴 게 목숨이라고 온갖 소문이 들려왔다. 예전부터 술주정이 심했던 큰집 오빠는 할머니를 대놓고 구박했다. 하지만 우리도 모셔올 엄두는 못 냈다. 아버지가 안 계신 자리에 할머니 자리는 없었다. 3년 후 할머니가 돌아가셨다. 돌아가신 할머니 몸이 너무 앙상하다고 수군거리는 소리가 들렸다. 슬펐다. 하늘에 계신 아버지가 얼마나 마음 아파하실까? 지금도 생각하면 참 불쌍하고 가엾은 할머니다.

그래서 어머니는 늘 말씀하셨다. 이집 저집 왔다 갔다 하면 안 된다고, 이 아들네 저 아들네 기웃거리면 안 된다고 하셨다. 그래서 어머니는 큰오빠와 살면서 다른 자식 집에 가도 잠을 주무시지 않고 바로 집으로 가셨다. 작은 오빠들이나 올케들이 붙잡아도 잠은 한 곳에서 자야 한다며 무조건 집으로 가셨다. 뭐가 그렇게 못 미더워서 하루도 주무시지 않느냐며 어머니를 서운해했다. 어머니는 아랑곳하지 않았다. 주무시고 가라는 말에 줄행랑이라도 치는 것처럼 가셨다.

가끔 우리 형제들은 어머니는 왜 저러실까 하면서 웃어넘긴 적이 한두 번이 아니다. 그저 내가 사는 집에 내 자리가 없어질까 노심초사하는 것처럼 보였다. 지금 생각해보니 할머니를 보고 안 되겠다 싶어 그렇게 하셨구나, 이제야 이해가 간다.

부모의 자리는 자식을 위해 희생하는 자리라고 알고 살아왔던 내가 수해가 나서 쓸려 내려가는 산비탈을 보며 마음이 초연해져서 '이제는 내가 없어도 되겠지.' 하고 처음으로 마음을 비운 날이었다. 자식에 연연하지 않고 내 인생을 위해 살아야 한다는 생각과 함께 내 인생의 내 자리를 깨닫게 된 순간이었다.

가슴속에 바람이 불기 시작했다

나이가 들면 사람들은 세월에 순응하든지 아니면 세월의 흐름에 맞서 더 젊은 삶을 찾고자 노력한다. 늘 마음은 더 나은 내일을 원한다. 나도 매일매일 더 나은 삶을 살고자 노력한다. 그저 한사람의 아내로, 아이들의 어머니로 살고 있던 나에게 큰 물음표를 준 것이 유명한 김미경의 『언니의 독설』이었다. 난 30대는 아니었지만 나에겐 충격이었다.

사업에 실패해 갈 길을 찾지 못하고 있던 나에게 큰 충격으로 다가왔다. 좀 더 일찍 읽었더라면 하는 아쉬운 마음이 들 정도였다. 하지만 사람마다 누구나 출발점도, 도착점도 다르기 때문에 너무 아쉬워하는 마음은 뒤로 하기로 했다. 그리고 나는 고민하기 시작했다. 지금 이대로 살 것인가 아니면 좀 더 나은 나를 위해 살 것인가. 쉰이 넘은 나이였지만 나는 더 이상 이대로 늙고 싶지 않았다. 무엇인가를 해야겠다고 생각했다.

아주대 경매 과정에 등록했다. 퇴근하면 일주일에 한 번이지만 내게는 숨통이 트였다. 그곳에는 나이가 든 사람도 있었다. 다행이라는 생각이 들었다. 그렇지만 나보다 나이가 어린 사람이 대부분이었다. 왜 이런 곳에도 이렇게 사람이 많을까. 새삼 놀라웠다. 그동안 너무나 우물 안 개구리처럼 세상을 모르고 살았다는 생각이 들었다.

나이 어린 친구들은 더 열정적이고 활기가 넘쳤다. 뭐든지 더 적극적이었다. 내가 살아온 삼십대의 모습과는 너무 달라 보였다. 나는 그때 무엇을 했던가. 나도 그때 저들처럼 살았다면 지금의 내 모습이 아닐 수 있겠다 싶었다. 그저 아이들 키운다고 주저앉아 동네 어머니들과 수다 떨며 보냈다. 그런데 지금의 젊은 저들은 직장을 다니면서도 자신의 미래를 위해 퇴근 후 공부를 하러 오는 것이었다. 은행원, 교사, 주부, 변호사 등 직업군도 다양했다. 저런 직장이면 편히 살아도 될 텐데 왜 사서 고생을 할까 하는 생각이 들었다. 그들은 지금에 만족하지 않고 미래를 위해 준비하고 있었다.

내 가슴속에 바람이 불기 시작했다. 이대로 살면 안 되겠다 싶었다. 더 깊은 열망이 나를 더 몰아붙이기 시작했다. 아, 나도 저들보다 더 열심히 살 수 있었는데…. 게을렀던 내 모습이 화가 났다. 잠을 자는 것도, 먹는 것도 재미가 없어졌다. 좀 더 나은 삶을 살고 싶었다.

신혼 시절, 아래층에 살던 다정이 어머니가 떠올랐다. 얼굴도 예쁘고 그대로 살림도 잘하고 뭐든 잘하는 여자였다. 나는 결혼하면서 아이 하나 키우는 것도 버거웠다. 다정이 어머니는 늘 부지런했다. 머리까지 단정하게 드라이를 하고 깔끔하게 하고 다녔다. 가끔은 먹을 걸 만들어 가지고 올라왔다. 늘 밝게 웃고 이웃에게 친절하고 동네 할머니들과도 너무 친하고 누구에게나 다정했다. 난 그 시절에 신혼에 아이 하나 낳아 키우기도 벅차서 아무것도 못하고 있던 시절이었다. 서울에서 같은 무역회사에 다니다 결혼한 인물 좋은 남편까지, 나에게는 모든 게 완벽해보여서 닮고 싶은 사람이었다.

분당에 분양을 받아 갑자기 이사를 간다고 했다. 난 너무 서운했다. 같이 오래 살고 싶었는데 그녀는 자신의 발전을 위해서라면 망설임이 없었다. 결정도 빠르고 단호했다. 분당에 분양 받은 건 알고 있었지만 이사는 망설이더니 남편의 직장 거리와 아이들 교육을 위해서라도 가야겠다고 했다. 가장 큰 이유는 본인이 하고 싶은 공부가 있다며 이사를 했다. 같이 오래 살고 싶었는데, 결혼 후 처음으로 정을 준 사람인데 헤어지게 된 섭섭함으로 한동안 잠자리를 뒤척였다.

다정이 어머니는 그때 나에게 또 다른 충격이었다. 시골에서만 자란 나에게 살림 잘하고 야무지고 똑 부러진 모습도 너무 부러웠지만, 우유부단한 내 성격과 반대로 분명한 의사 표현도 신선했다. 음식을 거의 해보지 않은 나와 달리 요리사 수준인 그녀의 음식 솜씨도 부러움의 대상이었다. 내가 먹어 보지 못한 음식뿐만 아니라 입덧을 하는 나에게 국이며 반찬을 가지고 올라왔다. 나도 이다음에 저렇게 할 수 있을까 하며 고마워했다. 그 성품이 부럽고 닮고 싶었다. 어쩌면 그 부지런함에 대한 존경심마저 들었다. 그런 그녀가 떠나고 얼마 되지 않아 나는 동네 다른 애기 엄마들과 어울리며 잊어갔다. 그런데 그 어머니가 하필 이때 생각이 났다.

아이 둘을 키우며 살림하며 자신의 꿈도 키우고 모든 일을 완벽하게 해내던 다정 어머니가 떠오른 것은 이런 상황에서 다정이 어머니 같은 사람은 어떻게 했을까 하는 생각이 들어서였을 것이다 . 나도 신혼 시절 다정이 어머니를 만났을 때로 돌아가서 같이 따라다니며 공부했다면, 하는 아쉬운 마음이 들었다. 그렇게 부지런하고 철저한 사람이니 지금은 대단한 사람이 되어 있을 거라는 생각이 들었다. 이 순간에 다정 어머니가 생각난 것은 야무지고 똑똑한 사람이 한없이 부러워서였던 것 같다.

나는 똑똑한 사람이고 싶었다. 야무진 사람이고 싶었다. 나는 기질적으로 그런 사람이 되기는 쉽지 않았다. 그리고 속절없이 세월이 흘렀다. 빛나던 시절도 나에게 남아 있지 않다. 현실에 안주하며 살아왔다. 매일 매일 흘러가는 대로 살았다. 지난날이 너무 후회된다. 좀 더 일찍 깨달았다면 지금의 저 젊은 사람들에게 당당하게 나설 수 있지 않았을까. 이제 시작하는 나는 벌써 시작하는 젊은 저 친구들이 너무 부러웠다. 진즉에 알았더라면, 좀 더 일찍 알았다면 하는 아쉬움에 눈물이 났다.

뭐든 두려워하고 소심했다. 도전보다 안주했다. 나는 내 세상에서 벗어나는 게 두려웠다. 그래서 무엇이든 하려고 하지 않았다. 운전도 늦게 시작했다. 뭐든 남편을 의지했다. 친정에 가는 데도 남편의 도움이 필요했다. 지금도 가장 후회되는 부분이다. 일찍 운전을 배웠더라면 어머니가 살아 계셨을 때 한 번이라도 모시고 다녔을 텐데….

어머니가 돌아가시고 나서 운전을 시작했다. 돌아가시기 전에 면허를 땄으나 이미 때는 늦었다. 갑자기 돌아가신 어머니를 태울 수도 없었다.

"네가 운전을 하면 좋을 텐데."

어느 날인가 어머니는 중얼거리듯 한마디하셨다. 마음대로 다닐 수 없던 어머니는 누가 태워주면 어디든 다니고 싶다며 바다가 보고 싶다고 하셨다. 바쁜 오빠들은 가끔씩 시간을 냈지만 어머니는 늘 외로웠다. 막내딸인 나를 어머니는 가장 마음 편하게 대했다. 결혼해서 가정을 꾸린 오빠들에게 부탁하기 어려워서 내가 운전을 할 수 있으면 좋겠다고 말씀하셨다.

나는 빨리 면허를 따서 어머니를 모시고 다니려 했는데 갑자기 어머니가 돌아가셨다. 한동안 운전에 대한 미련이 없어졌다. 시간이 흐른 후 운전연수를 받고 운전을 하게 되었다. 처음 내가 운전하면서 어머니에 대한 죄송스러움에 눈물이 흘렀다. 진즉에 운전을 해서 어머니를 한 번이라도 태우고 어머니가 원하는 곳에 모시고 갔더라면 어머니가 얼마나 좋아하셨을까? 후회가 되었다. 다른 친구들은 20대에 시작한 운전을, 나보다 여덟 살이나 많은 언니가 운전을 해도 나는 늘 두려움이 있어서 그저 안주하고 있었다. 새로움에 대한 갈구가 적었다고 해야 할까. 안이하게 살고 있었다.

김미경의『언니의 독설』로 늦바람처럼 가슴속에 바람이 불기 시작했다. 모든 인생은 본인이 만들어가는 거라는 말이 뼛속에 와 닿았다. 인간은 죽을 때까지 성장하는 인간이라고, 성장하는 기쁨 속에 살아야 한다고, 그래야 행복하다고 하는 말이 깊이 있게 다가왔다. 나도 이제라도 늦지 않았다. 늦은 나이란 없다고 하지 않던가. 늦은 마음만 있을 뿐이라고 했다. 나는 더 열심히 남은 시간을 내가 더 성장하기 위해 달릴 것이다. 가슴속에 바람이 불기 시작했다.

이제야 세상이 보이기 시작했다

결국은 부도를 낼 수밖에 없었다. 다른 사람에게 피해를 주기 싫어서 억지로 이끌어오던 사업이 오히려 더 큰 피해로 연결될 수 있어서 이제는 그만하자고 결론을 내렸다. 그만하자고 하면, '한 번만 더, 한 번만 더' 하는 남편을 설득했다. 최선을 다한 우리는 결국은 모든 거래처에 알렸고 탓하는 사람은 많지 않았다. 최대한 손해를 줄인 뒤에 내린 결정이었다. 그런데 한군데서 연락이 왔다. 많지 않은 액수였다. 너무 좋은 관계로 지냈기에 더욱 충격이 컸다. 돈 앞에 인격이라는 게 얼마나 허무한 것인지 알게 해주었다.

최대한의 편의를 베풀며 우리의 희생으로 잘된 사람은 단 한 번의 연락도 없이 모든 인연이 끝나버렸다. 참으로 인간사란 뭐라고 한마디로 규정할 수 없는 복잡한 날줄과 씨줄의 복합체였다. 서운함과 불운함과 불행한 마음으로 오랜 시간을 보냈다. 돈에 대한 가치를 새로 정립하는 계기가 되었다. 내가 살아온 나날에 대한 회의와 고통으로 한동안 힘든 시간을 보냈다.

온실 속의 화초처럼 살아온 나에게 너무 충격적인 일이었다. 어머니에게 왜 돈, 돈 하냐며 핀잔을 줬던 내가 돈으로 인해 가장 큰 상처를 받은 일이었다. 돈으로 인해서 모든 인간관계를 끊어야 했다. 어렵다는 것은 나의 일이지 다른 사람의 이해를 구하는 일이 아니라는 것도 알게 되었다. 그동안 너무 무심한 나에게 화가 치밀었다.

시아버님의 상가도 그때 빚으로 정리가 되었다. 모든 걸 다 털어 넣고 나서야 손을 뗀 남편이 한동안 너무 미웠다. 그저 좋은 마음으로만 살았다는 것도 나에겐 어리석은 것처럼 느껴졌다. 사람은 어려운 일을 겪어야 단단해지기도 한다.

화재가 나고 어느 날인가 남편과 연락이 되지를 않았다. 밖에 나가보니 차가 있었다. 주변에 있겠거니 하고 기다리다 지쳐서 잠이 들 무렵 들어왔다. 들어와서 하는 말이 첫사랑인 여자가 소식을 듣고 찾아왔다며 같이 저녁식사하고 왔다며 실토를 했다. 너무 어이가 없었다. 나는 미친 듯이 남편을 비난했다. 그래도 남편은 끄떡하지 않고 나를 달래주었다. 그러면서 옛날에 오빠 동생하며 지낸 사이라 찾아왔는데 모른 체할 수 없어서 그랬다며 연락을 하지 않은 걸 사과했다.

실은 그렇게 펄펄 뛸 일도 아니었는데 힘든 내 처지가 폭발을 한 것이었다. 그때 생각을 하면 지금도 얼굴이 뜨겁다. 어쩌면 젊어서 생각이 짧아서 생긴 일이었다. 시간이 지나고 나니 별일 아닌데도 지나친 감정의 소모를 보이는 경우도 많았다. 지금 같으면 웃으면서 갔다 오라고 할 수 있었을 텐데 뭣 때문에 그렇게까지 했는지 이해가 되지 않는다. 지금도 생각하면 웃음이 난다. 참으로 세월은 기막힌 치료약인지 아니면 세상살이에 통달해서 면역이 생기는 건지 웬만한 일에는 화도 나지 않는 나이가 되었다.

언니는 옛날 이야기를 할 때 늘 찢어진 고무신 이야기를 했다. 한 번도 고무신을 사주지 않은 어머니가 너무 원망스럽다고 했다. 늘 큰집의 사촌 언니들이 찢어져서 버린 고무신을 주워다 꿰매어서 신고 다녔다고, 그때 생각하면 눈물이 난다며 글썽거린다. 여자 형제들이 많은 큰집은 언제나 언니의 부러움의 대상이었다. 나도 가끔 언니와 함께 큰집에 가면 깨끗하게 수가 놓아진 이불보며 옷걸이 위에 걸쳐진 봉황새를 수놓은 보자기가 늘 부러웠다. 어머니는 일하느라 우리 집은 그런 예쁜 이불 같은 것은 꿈도 꾸기 어려웠다. 지금도 잊히지 않는 게 큰어머니가 꽃무늬가 그려진 이불 위에 머리에 흰 띠를 두르고 누워계시던 모습이다. 딸들이 많으니 큰어머니는 조금만 아파도 호사를 누리셨다. 이제는 언니도 예전처럼 눈물을 글썽이지 않는다. 세월이 흐르니 그것도 너무 소중한 추억이 되었단다. 고무신을 꿰매던 때가 엊그제 같은데 이렇게 시간이 흘렀다며 지난 시절을 아쉬워한다. 고생만 하신 어머니를 그리워한다. 모두가 세월이 만들어 낸 치료의 효과이리라.

세월이 흘러서 안정되고 정신적으로 여유가 생기면서 세상을 바라보는 내 눈도 달라지기 시작했다. 예전에는 편협했고 고지식했던 내가 나름대로 세상살이에 대한 방법을 터득하기 시작했다는 것이다. 너무 한편으로만 치우쳐 있던 나의 관점이 바뀌기 시작한 것이다. 이제는 웬만하면 다 이해를 하고 넘어간다. 세상살이든 집안일이든 별로 화가 나지 않는다. 이제 그야말로 관조하는 마음으로 바라본다. 나도 내가 이해가 가지 않을 정도로 그럴 수 있지, 하는 마음이다. 어려움을 겪으면서 그만큼 이해의 폭이 넓어진 것이다. 이제야 세상이 보이기 시작했다.

나는 이제는 어떤 고통에도 이겨나갈 자신이 있다. 내가 살아내는 방법도 알았다. 예전에는 안절부절못하던 일도 여유를 가지고 기다린다. 이런 저런 일을 겪으면서 이제는 인생이 내 마음대로 되는 게 아니라는 것도 알았다. 인생은 우리 마음대로가 아니라 우리가 원하지 않는 방향으로 흘러가기도 한다. 그 사실이 너무 슬프기도 하지만 어떤 마음가짐이냐에 따라 상황은 달라질 수 있다. 가만 생각해보니 어떤 생각을 하든 인생은 흘러간다. 그 상황을 어떻게 받아들이고 선택하느냐에 따라 인생은 달라질 것이다. 나 또한 그런 시절을 겪었다. 혹독한 시간이었지만 나름 이겨내려 애썼다. 가만히 있으면 안 될 것 같아서 노력하고 또 노력했다. 누가 뭐라 해도 내 삶은 내가 만들어 나갈 수밖에 없다는 것도 그때 알았다.

며칠 전 친한 친구가 전화를 했다. 생일날 아무도 알아주지 않아 너무 서운하다는 것이었다. 내가 이 나이에 생일 대접도 못 받고 살아야 하냐며 억울해했다. 누구 하나 생일을 챙겨주는 사람이 없었다며 너무 속상해했다. 심지어 날짜를 알려주어도 반응 없는 식구들이 너무 서운하다고 하소연을 했다. 내가 이 고생을 하며 사는데 억울하다며 거의 울먹이는 수준이었다. 그런데 그건 나도 마찬가지였다. 생일 신경 쓰지 말라고 말은 해도 가끔씩은 서운할 때가 있다. 아직은 그런 인사를 안 받아도 된다는 마음과 넉넉하지 않은 자식들이 조금이라도 부담될까 하는 마음이 컸다. 그런데 막상 사람인지라 아무도 신경 안 쓰니 서운한 마음이 드는 것은 나도 나이 든 사람이 되어 가고 있다는 증거이다. 예전에는 전혀 신경 쓰이지 않던 것들이 이제는 조금씩 보이고 있었다. 젊은 늙은이가 되어 가고 있는 중이었다.

사람은 누구나 태어나고 죽는다. 그 과정 속에서 생각지 못한 일을 만나고 순간순간 선택을 하며 살아간다. 저절로 얻어지는 것은 없으며 여러 가지 경험으로 지혜를 얻게 된다. 평생을 살며 얻어진 경험과 지혜로 나머지 인생을 살게 된다. 이제는 인생의 미숙함에서 벗어나 진정한 인생을 살기 위한 노력을 해야 한다.

사람들은 행복해지기 위해 산다고 한다. 나는 어렸을 때 『파랑새』라는 소설을 읽은 기억이 있다. 소년이 파랑새를 찾아 떠나서 고생고생하다가 결국은 못 찾고 집에 돌아오니 파랑새는 집에 있었다는 내용이었다. 결국 집에서 기르던 비둘기가 파랑새였음을 깨닫고 행복은 멀리 있는 게 아니라 가까이 있다는 것을 알려주는 얘기였다. 나는 이제는 이 파랑새가 결국 내 자신이라는 것도 알게 되었다. 무의미한 희망을 좇는 것보다 현실에 충실하는 것이 가장 행복한 인생이라는 것도 알게 되었다.

언젠가 연예인이 방송에서 너무 앞만 보고 달려왔더니 정작 자신을 너무 소홀히 대했다며 눈물을 글썽이며 인터뷰하는 모습을 본 적이 있다. 자신을 위해 쓰이는 수건 한 장도 제대로 쓰지 못하고 바쁘게 지나온 날들이 너무 후회된다는 내용이었다. 자신에게 수고했다고 자신을 위로하고 격려했더니 이제야말로 자기 자신이 보이기 시작했다는 것이다.

행복은 멀리 있는 게 아니다. 내 마음속에 있는 것이다. 늘 불만족하고, 부족하다는 느낌도 이제는 감사로 바뀌었다. 인생 별거 아니네, 하면서 웬만한 일을 가볍게 넘겨버린다. 이제는 온전히 내 삶을 인정하고 내일은 내일의 해가 뜬다면서 가벼운 마음으로 하루를 마감한다. 이제야 세상이 보이기 시작했다.

나는 왜 자꾸 내 인생에 물음표가 생길까?

얼마 전 방송에서 나훈아 씨의 〈테스 형〉이란 노래가 나와서 한참 유행한 적이 있다. '아! 테스 형, 세상이 왜 이래?' 하면서 부르는 노래였다. 나는 테스가 무슨 뜻인지 몰랐다. 소크라테스를 의미한다고 했다. 세상이 너무 어렵고 복잡하니 이런 노래도 다 있구나 하면서 웃었다. 인류의 스승이라 불리는 소크라테스가 이렇게 노래에까지 소환된 걸 보니 사람들이 궁금한 것처럼 나도 내가 과연 잘 살고 있는지 내 인생에 대한 물음표가 생겼다. 나는 정말 잘 살고 있는가? 내가 원하는 삶을 살고 있는지 늘 궁금하다. 내 나이는 인생의 반 이상을 돌아왔다. 재작년부터 나는 내 인생을 정비하기 시작했다. 이대로 늙기 싫다는 생각 때문이었다. 얼굴에 늘어가는 주름살이야 한순간에 만들어지지 않으니 어쩔 수 없어도 늙지 않는 마음은 나를 자꾸 미지의 세계로 끌고 다녔다.

꼭 일 년 전의 일기장을 펼쳐보았다. '나는 누구이며, 나는 어떻게 살고 싶은 사람인가?' 이렇게 적어 놓은 게 눈에 띄었다. '나는 나이며, 어머니이며, 할머니이며, 아내이다.' 이렇게 적혀 있다. 웃음이 나왔다. 작년 이맘때도 나는 나에게 물음표를 던지고 있었다. 그리고 책을 100권 읽기로 했다는 일기도 보였다. 벌써 일 년 전인데 그때도 뭘 해야 하나 고민하는 글만 보였다. 일 년 전에 적어놓은 내 목표가 지금의 내가 하고 있는 것과 다르지 않음에 놀랐다. 그러면 제대로 가고 있는 걸까. 내가 원하고 하고 싶었던 길로 가고 있는 것으로 보여서 다행이다 싶었다.

내가 가장 의지하는 동생이 있다. 나이는 나보다 어려도 항상 생각도 어른스럽고 예쁘다. 공인중개사 시험 공부하면서 만나 지금까지 서로 의지하며 잘 지내고 있다. 항상 도전하고 어딜 가나 다른 사람을 돕는 일에 앞장서는 친구다. 나는 그 친구가 너무 부러웠다. 집안도 좋고 많이 배우고 똑똑하다. 어딜 가나 사람들한테 인기도 좋다. 나는 그녀를 보고 그녀의 나이인 마흔 다섯이 너무 부러웠다. 인생에서 나이를 부러워해본 것은 그때가 처음이었다.

하지만 누구나 나이는 먹게 되어 있는 것이다. 인생을 살아가면서 나 자신에게 확신을 가지지 못하면 계속적인 물음표가 생기는 것이다. 나는 열심히 살았지만 아직도 부족한 것이 있어서 이렇게 자꾸 물음표가 생기는 것이라는 생각이 든다. 무엇을 할까. 어떻게 해야 하나, 늘 이런 생각이 마음에서 떠나질 않는다.

나는 스물일곱이라는 나이에 대학에 진학했다. 그것도 어쩌면 인생의 물음표를 해결하기 위한 방법이었다. 아버지가 돌아가시고 포기한 대학이 시간이 흘러도 포기가 되지 않았다. 어떻게 살아야 하는지 앞으로 무엇을 하면서 살지가 늘 고민이었다. 나이가 들어도 포기하지 않는 딸을 어머니는 어쩔 수 없이 인정해주셨다. 둘째 오빠는 등록금을 대주었다. 지금 생각해도 감사한 일이다. 열심히 공부해서 졸업할 때는 수석 졸업을 했다. 내가 원하던 곳에 취직을 하려는 도중 결혼을 해서 아이가 생기는 바람에 집에 주저앉았다. 그 일이 못내 애쓴 어머니나 오빠들에게 죄송했지만 어머니는 오히려 기뻐하시는 것 같았다.

가만히 생각해보면 나는 지금도 인생의 물음표는 진행 중이다. 쉬지 않고 내 인생 몰아가고 있다. 나는 나를 믿는다. 나는 이전에도 그리고 지금도 내가 정한 목표는 꾸준히 잘 이뤄왔고 앞으로도 그럴 것이다. 누군가가 보기에는 별 볼일 없는 인생이었을지도 모른다.

생각해보니 나는 어린 시절부터 하고 싶은 게 참 많았다. 그래서 다른 사람보다 어머니를 많이 괴롭혔다. 나이 들어 늦게까지, 어쩌면 지금도 꿈을 찾아 헤매고 있는지도 모른다.

조용필의 〈꿈〉이란 노래의 가사가 한동안 마음에 와 닿은 적이 있다.

"머나먼 길을 찾아 여기에 꿈을 찾아 여기에 괴롭고도 험한 이 길을 왔는데 이 세상 어디가 숲인지 어디가 늪인지 그 누구도 말을 않네."

나는 삶에 자꾸만 의문이 생기고 그 물음표를 찾아가기에 바쁜데, 아무도 길을 알려주는 사람은 없었다. 그 누구도. 나는 그저 내가 길을 찾아갈 수밖에 없었다.

난 지금도 지치지 않는 호기심으로 세상을 기웃거리고 있다. 그 호기심이 때로는 나를 다른 세상으로 데려다 주기도 했다. 호기심은 꿈이 되었고 지금도 나는 꿈꾸기를 멈추지 않는다. 그래서 사는 게 더 재미있고 행복한지도 모른다. 남이 뭐라 하든 나는 나의 꿈꾸기를 멈추지는 않을 것이다. 지금 당장 이룰 수 없는 꿈이라고 포기하지 말고 그 꿈을 이루기 위해 애쓴다면 언젠가는 이루어지지 않을까. 꿈은 이루어진다는 말은 과학적으로 일리가 있는 말이라고 한다. 꿈을 꾸게 되면 뇌의 기능이 꿈을 이루기 위한 회로로 집중된다. 그래서 뇌가 활성화되고 발달하게 된다. 그러면 뇌의 회로가 온통 꿈을 이루기 위한 문제 해결에 집중하기 때문에 간절히 원하면 이루어진다는 말이 괜한 말이 아니라는 것이다. 그러므로 나는 지금도 어떤 이유로든 꿈을 포기 하지 말자고 다짐한다. 꿈이 주는 설레는 삶을 포기하지 말자. 계속 꿈을 꿈으로 해서 사는 게 재미있어진다는 사실을 나는 알고 있다.

주변에서 내가 늘 젊은 사람들과 소통하고 젊은 사람들의 트렌드를 미리 알아서 알려주자 모두가 놀란 적이 있다. 나는 그게 오히려 놀라웠다. 내가 알면 안 되나? 주책인가? 하는 생각이 든 적도 있다.

한동안 나는 〈쇼미더머니〉에서 태양과 송민호의 〈겁〉이란 노래를 듣고 너무 감동을 받아 잠잘 때도 듣고 또 들었다. 나이든 내가 이렇게 젊은 친구들의 노래를 듣고 감동 받아 눈물이 흘렀다.

"뒤돌아봤을 때 생각보다 멀리 와 있었어. 난 혼자였고 문득 겁이 났지. 내가 날 봤을 때 지쳐 있단 사실을 난 몰랐었어. 난 외로웠고 문득 겁이 났지. 넌 잘하고 있어. 헷갈릴 때면 여태 그랬던 것처럼 그냥 고."

늘 겁이 많아 누군가의 다독임이 없으면 무슨 일이든 많이 망설였다. 모든 세상사를 헤쳐 나가야 하는 내 자신의 세상살이에 대한 두려움이 같은 느낌으로 다가왔다. 매일 듣고 또 들으며 위로를 받았다.

꿈과 겁이 나에게는 같은 느낌이었다. 꿈을 찾아 헤매는 느낌과 그 꿈을 이루기 위해 겪는 힘든 여러 가지 상황이 결국은 우리가 겪어내야 하는 인생이다. 꿈이 없는 인생은 무덤과 같을 것이다. 꿈은 무엇인가를 이루어내고 성취하고자 하는 욕구이다. 그렇게 성취하고 싶은 게 존재한다는 것은 삶의 원동력이 되기도 한다. 무엇보다 살아 있음에 재미와 생동감을 주는 것이다. 당장은 꿈을 이루지 못해도 꿈을 이루기 위해 달리는 동안은 가슴 뛰는 삶을 살게 될 것이다. 그래서 나는 지금도 늘 설레고 가슴이 뛴다.

물론 겁도 난다. 과연 이 꿈을 이룰 수 있나 하는 생각도 든다. 힘이 든다는 생각이 들면 나는 스스로 말한다. "그대 아직도 꿈꾸고 있는가." 아직도 꿈에서 헤어나지 못하는 나에 대한 자조 섞인 질책이다.

꿈이 있다는 것은 어쩌면 재미있는 삶을 사는 방법이다. 그런데 그 꿈은 항상 물음표에서 시작되는 것이다. 내 인생은 괜찮은 걸까? 나는 잘 살고 있나? 이대로 살아도 될까? 하는 물음표에서 내 꿈을 찾아가고 있다. 그리고 나는 이대로 늙기 싫어 내 인생을 제대로 만들고 싶다는 다짐으로 세상을 살아간다.

나는 지금도 내 인생에 자꾸 물음표가 생긴다. 그래서 멈추기가 어렵다. 나는 잘 살고 있는 건지, 난 부끄럽지 않은 부모가 될 수 있는지, 나는 과연 세상에 한 귀퉁이라도 밝힐 수 있는 삶을 살고 있는지, 난 인정받고 사랑받는 사람인지, 누구에게나 도움이 되는 사람인지, 내 인생이 부끄럽지 않은 삶을 사는 건지, 아직도 나는 자꾸 내 인생에 물음표가 생긴다.

절망에 빠질 시간이 없다

살면서 한 번도 절망하지 않거나 평탄한 길만 걸어온 사람은 없을 것이다. 항상 좋은 일만 겪으면서 살 수도 없고 늘 불행한 일만 있을 수도 없을 것이다. 그러나 나는 한동안 어려운 일을 너무 많이 겪었다. 화재가 나서 정신적인 붕괴 상태가 되었을 때이다. 그러나 안 좋은 일은 연속적으로 오고 있었다.

결혼하면서 시아버님은 당신의 소원대로 집을 사주셨다. 17평이지만 신혼인 우리는 너무 감사하며 살았다. 그 집에 살면서 모든 일이 순조로웠다. 그래서 늘 좋은 일만 생기는 줄 알았다. 그런데 화재가 나면서 모든 것이 뒤집히기 시작했다. 안 좋은 일은 연달아 오기 시작했다. 어렵게 수습해가던 중 세무조사가 시작되었다. 부도를 내라는 말에도 다른 사람에게 피해를 줄 수 없다며 어렵게 이끌어가는 과정 중에 겹친 일이었다. 우리는 너무 절망했다. 그러나 그대로 멈출 수 없었다. 지금 생각하면 참 어리석었다.

그리고 IMF가 터졌다. 그것은 또 하나의 시련이었다. 모든 게 멈춘 것 같았다. 그래도 나는 멈출 수 없었다. 그것은 아이들이 있기도 했지만 내 인생을 망가뜨리지 않겠다는 나의 열망 때문이었다. 거짓말처럼 또 한 번의 세무조사가 나왔다. 아~ 한탄이 절로 나왔다. 그런데 나는 그때 노래를 불렀다.

"사랑은 아직도 끝나지 않았네."

열심히 교회 다니며 기도하고 새벽기도도 다니고 했던 터라서 하느님의 사랑으로 나에게 시련을 주신다고 생각했다.

늘 우리를 도와주던 언니가 있었다. 내외가 우리 부부를 아껴주고 많이 도와주셨다. 두 분도 원체 고생을 많이 하신 분들이라서 많이 이해해주시고 도와주셨다. 내가 하도 이런저런 어려움을 많이 겪으면서 일이 하나 터질 때마다 이 노래를 흥얼거리니 언니는 어이없다는 듯 웃으며 나를 측은한 눈으로 바라보았다. 지금도 그 언니의 웃는 모습이 눈에 선하다. 혹시 내가 미치지 않았나 해서 보는 듯한 눈이기도 했다. 그만큼 나는 혹독한 시련을 겪었다. 절망의 절망이 나를 감싸도 나는 반드시 이겨내리라 마음먹었다. 절대로 이대로 쓰러지지 않겠다는 결심은 나를 더욱 단단하게 만들었다.

돌아가신 어머니의 부탁이 떠올랐다.

"나는 너만 잘 살면 된다. 애들 잘 키우고 잘 살아야 한다."

돌아가시기 이틀 전 어머니는 전화를 하셨다. 막내딸인 내가 겪는 고통을 알고 계신 터라 마음 편히 떠나시기 어려웠을 것이다. 어머니의 그 부탁이 나를 늘 일으켜 세운다.

어머니가 돌아가시기 두 달 전쯤 작은어머니가 돌아가셨다. 어머니는 슬피 우셨다. 고생만 하고 가신 작은어머니에 대한 연민과 당신도 이제는 얼마 남지 않은 이별을 직감하신 듯싶다. 자식에게 모든 걸 내어주고 죽어가는 연어의 모습처럼 어머니는 이제 모두 탈진한 상태로 모든 걸 다 내려놓으신 것처럼 보였다.

어머니는 마지막 어버이날 나에게 모든 하얀 봉투를 주셨다. 왜 이러시냐며 펄쩍 뛰니 울면서 가져가라 하셔서 어쩔 수 없이 가져왔다. 모으고 모아

담겨진 돈은 '백만 원'이었다. 난 너무 속이 아파서 잠들 수 없었다. 이미 그전에 모아놓은 돈을 어음 막는 데 쓰라며 작은오빠에게 맡겨놓은 돈도 몽땅 가져다 주셨다. 화재가 나서 어려움을 겪는 막내딸의 형편을 알고 계셨다. 생각도 못한 어머니의 봉투가 나를 서럽게 했다. 이 불효를 어쩌나 하면서 나는 밤을 지새웠다.

그런데도 마지막 발걸음이 떨어지지 않았을 어머니를 생각하니 나는 쉽게 절망하고 내 인생을 포기할 수 없었다. 그래서 나는 더 독해지기로 했다. 살아가면서 드는 생각은 결국 보호망은 자신이라는 것이다. 아무도 내가 느끼는 고통과 절망, 불안, 두려움은 대신해줄 수 없다는 것이다. 모든 것은 오롯이 자신의 몫이다. 내가 이 고통에서 벗어나려고 노력하는 것도 자신이 할 일이요, 누구도 대신할 수 없다는 것을 알게 되었다.

여러 가지 일을 겪으면서 나는 단단해졌다. 더이상 절망에 빠져서 허우적거릴 수도 없었다. 생계를 이어가야 아이들을 키우고 돌볼 수 있기에 나는 일만 하며 먹고살기 바빴다. 어머니가 돌아가시고 부도가 난 후 마트에 주말 알바를 갔다. 친정 동네에 있던 월마트였다. 그곳으로 알바를 다녀도 오빠한테 갈 수는 없었다. 초라한 내 모습을 보이기 싫었다. 모든 형제들의 전화번호도 삭제하고 지낼 때였다. 멀리서 사촌 오빠가 올케와 함께 장을 보러 온 것이다. 난, 나를 알아보면 어쩌나 걱정을 했다. 그러나 신기하게도 유니폼을 입은 나를 알아보지 못했다. 바로 눈앞에서 내가 파는 물건을 집어가면서도 알아보지 못했다. 설마 내가 이곳에서 알바를 한다고 생각조차 못했을 것이다. 난 다행이다 싶었지만, 서글픈 생각이 들었다. 그래도 난 절망할 수 없었다.

절망은 사치라는 생각을 하며 시간을 보냈다. 나는 어머니의 마지막 유언처럼 아이들을 잘 키워서 세상 사람들과 어울려서 살 수 있게 해야 했다. 그래서 어머니는 '약한 모습을 보이면 안 된다. 힘든 모습도 보이면 안 된다.'시며 늘 그걸 주문하며 살았다. 왜냐하면 어머니가 씩씩해야 아이들도 이 세상을 씩씩하게 살아갈 수 있다고 생각했기 때문이다.

이제는 내 나이 예순이 넘었다. 더 이상은 절망에 빠질 시간이 없다. 10대는 태어났으니 살아갔다. 20대는 내 마음대로 사는 것이었고 30대 이후는 여러 가지 일을 겪으면서도 살아내었다. 그리고 지금까지도 살고 있다. 살다 보니 알게 되었다. 어떤 어려움과 고통도 다 지나간다는 것을, 살다 보면 반드시 눈물 그치는 날이 온다는 것을 알게 되었다. 결국은 눈물 자국도 살아온 날들에 대한 아름다운 삶의 흔적이라는 것도 알게 되었다.

살면서 이제는 모든 것을 아름답게 보는 마음의 여유도 알게 되었다. 예전에 아버님이 우리는 죽을 만큼 힘들어도 별로 마음의 변화를 보이지 않는 모습을 보면서 의아해했다. 부도가 났다 해도 심지어 시누이 남편이 등산하다가 심장마비로 갑자기 돌아가셨다 해도 우리에게는 아무런 내색을 하지 않으셨다. 그게 이해가 되지 않아 서운한 마음도 있었다.

그런데 지나고 보니 이제는 알게 되었다. 모진 세월을 겪으면서 이제는 웬만한 일에는 마음이 단단해지셨다는 것을 알게 되었다. 죽음과 삶을 넘나드는 전쟁통을 겪으신 아버님께서는 우리가 겪어내는 일이 안타까우셔도 흔들리는 모습을 보이실 수 없었다는 것을 이제야 깨닫게 된 것이다. 내가 마음이 심히 흔들려도 아이들에게 내색할 수 없는 이유와 같은 것이었다. 아픔을 겪으시면서도 자식들 앞에 내보일 수 없던 아버님의 그 당시 마음이 어떠셨을까 하고 생각하니 가슴이 아려온다. 죄송하고 감사한 마음뿐이다.

세상은 변한다. 사람도 변한다. 아니 나이 들어 늙어간다. 나는 이제 머뭇거릴 시간이 없다. 내가 안정적이라고 생각한 것도 언제든 변해가는 세상에서 변할 수 있다. 나는 변해가는 시간 속에 있는 사람이다. 즉 오늘이 가장 젊은 날이다. 내일은 이제는 나에게 약속된 미래가 아니라는 것도 알게 되었다. 매일매일 새로운 날을 기뻐할 수 없다는 것도 알았다. 이제는 오늘의 햇빛이 어제와 같은 햇빛이 아니라는 것도 알게 되었다.

"이렇게 생각하며 살라. 그대는 지금이라도 곧 인생을 하직하지 않으면 안 되는 것이라고. 이렇게 생각하며 살라. 당신에게 남겨져 있는 시간은 생각지 않은 선물이라."

로마제국의 황제 마르쿠스 아우렐리우스의 명언이다. 인생이라는 소중한 선물을 어떻게 쓸지 모든 것은 나에게 달려 있다. 시간을 낭비할 수 없다. 이제는 내 꿈을 향해 달려야 한다. 빛나는 발자취는 아니어도 열심히 살다 갔다는 흔적이라도 남겨야 하지 않을까. 이제는 절망보다는 살아온 날들에 대한 슬픔의 흔적이 아닌 단련된 마음이 걸어온 빛나는 흔적으로 만들기 위해 살아야 한다. 그래서 나는 오늘도 절망에 빠질 시간이 없다.

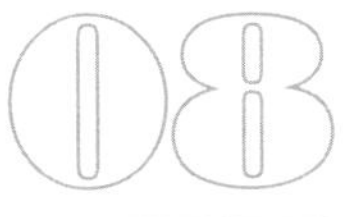

우아하게, 슬프지 않게 나이 드는 법

요즘처럼 나이든 것이 슬픈 적이 없었다. 나도 젊은 시절이 있었고 늙음에 대해 마음의 준비를 해왔는데 예쁘고 능력 있는 젊은 사람들이 너무 부러워지기 시작했다. 한동안 '너희가 내 나이를 살아봤어? 난 그 나이를 살아봤다.' 고 하면서 젊은 사람들에게 하는 말이 유행한 적이 있다. 그러나 살아온 날들에 대한 경외심보다는 지금의 젊음을 자랑하는 사람들을 이겨낼 수는 없었다.

사람들은 대부분 늙는 것을 두려워한다. 내가 나의 나이 듦에 대해 생각하지 못했던 것처럼 대부분의 사람들도 그렇게 노후를 맞이한다. 어떤 모습으로 나이 들어갈지는 또한 본인의 몫이라 생각한다. 나는 한동안 어떻게 나이 들 것인가에 대해서 많이 고민했다.

며칠 전 친구들과 셋이서 밥을 먹을 기회가 있었다. 미루고 미루다 이러다 간 얼굴도 못 보고 세월만 보낸다며 만났다. 만나면 자연스레 지난 얘기들이다. 고등학교 시절에 집에 놀러가 놀았던 이야기며 배 밭에 가서 배 먹던 이야기며 이야기가 끊이질 않는다. 그러다 자연스레 요즘 뭐하고 지내는지에 얘기가 모아졌다. 두 친구 모두가 주식을 한다는 것이었다. 나는 주식을 알지 못하고 하지도 않던 터라 듣고 있어야 했다.

꽤 괜찮은 수익을 내고 있다며 너무 재미있어서 시간 가는 줄 모른다고 했다. 그러면서 요즘 유행하는 말이 나이 들면 주식, 반려견, 골프란다. 즉 주, 반, 골이라며 웃었다. 나는 요즘 책 읽기에만 몰두하고 있기에 전혀 관심이 없었다. 주식으로 관심이 생기고 시간 가는 줄 모른다며 생기 있어 보이는 모습이 보기 좋았다. 두 친구는 모두 예전보다 활기찬 모습이었다. 둘 다 집에서 살림만 하다가 새로운 소일거리가 생겼다며 만족해했다.

예전에는 무조건 나이 드는 것을 싫어했다. 그러나 나이라는 것에 좋고 싫고가 어디 있겠는가? 자연의 섭리로 나이 들어간다면 우아하고 아름답게 나이 들어가는 것이 가장 좋은 방법일 것이다. 젊은 시절에는 가족들 부양하느라 하고 싶은 일을 못했다면 이제는 자신이 하고 싶은 일을 하며 나이 들어간다면 얼마나 좋겠는가.

나는 얼마 전 눈망울에 물집이 생겨 제거하는 수술을 받았다. 생각지 못한 신체의 변화였다. 다른 친구들은 마흔 중반부터 노안이라 하며 안경을 끼네, 돋보기를 하네, 해도 나는 끄떡도 없었다. 그런데 갑자기 눈에 이상이 생긴 것이다. 대수롭지 않게 생각한 의사도 별일 아니라고 했다가 일주일 사이 피 주머니로 변하자 어쩔 수 없이 일부를 잘라내고 꿰매었다. 빨강 눈으로 사람들 앞에 나선다는 것도 참 민망한 일이었다. 신체의 노화가 신호를 보내고 있다.

며칠 전 아주 눈이 너무 많이 와서 온통 거리가 미끄러운 통이라 차를 두고 걸어가게 되었다. 현관문을 나가니 머리에 찬바람이 너무 많이 들어오는 것이었다. 나는 다시 집으로 들어와 모자를 챙겨 들고 나갔다. 방송에서 자주 추운 날 뇌졸중으로 쓰러져서 노인들이 많이 돌아가신다는 말이 몸서리치게 실감이 났다. 내 머리에 이런 찬바람이 한두 번이었겠는가. 그런데 갑자기 찬바람에 겁을 먹는 내가 참으로 우스워서 가는 세월 누가 막으랴 하면서 걸어갔다.

이제는 나도 두려운 나이가 아닌 인생의 황금기를 만들 수 있는 나이를 준비해야 한다. 그래서 나는 내가 할 수 있는 우아하게 나이 드는 방법을 생각하였다.

첫째, 건강해야 한다. 예전부터 '돈을 잃으면 조금 잃는 것이고, 사람을 잃으면 많이 잃는 것이고, 건강을 잃으면 전부를 잃는 것이라고 했다.' 건강한 정신에 건강한 육체가 깃든다고 한다. 우선은 몸이 건강해야 한다.

둘째, 경제적인 안정이다. 예로부터 광에서 인심 난다는 말도 있다. 내가 가진 게 넉넉해야 다른 사람에게도 베푸는 삶을 살 수 있다. 성공이란 베푸는 삶이라고 한다. 베푸는 삶을 살고 성공하고 싶다면 경제적인 자유인이 되어야 한다.

셋째, 일이다. 나이 들어서도 일이 있어야 한다. 돈 때문이 아니어도 꼭 일이 있어야 한다. 나이 들어서 무의미한 시간을 보내지 않으려면 일을 해야 한다. 기왕이면 꼭 하고 싶었던 일을 찾아서 한다면 더 좋을 것이다.

넷째, 취미가 있어야 한다. 자신이 하고 싶은 취미가 있다면 좋을 것이다. 나는 좀 한가해진다면 그림을 다시 시작하려 한다. 여성 문화센터에서 배우다가 중단한 초상화 그리기뿐만 아니라 유화도 다시 그리고 싶다.

다섯째, 친구가 있어야 한다. 나이 먹어가며 외롭지 않으려면 이해하고 이해해주려는 친구가 있어야 한다. 친구가 있으면 외로울 때나 기쁘거나 슬플 때 의지가 되어 인생을 외롭지 않게 보낼 수 있다. 물론 배우자가 있다면 가장 좋을 것이다.

우아하게, 슬프지 않게 나이들 수 있다면 얼마나 근사할까? 내 인생을 잘 가꾸어왔다는 것이 된다. 무의미한 삶이 아닌 의미 있는 삶을 살아내는 것도 슬프지 않게 나이 들어가는 방법이 될 것이다. 우아한 모습으로 살려면 어떤 일을 경험하거나 어떤 사람을 만나느냐에 따라 달라진다. 무엇인가를 창조하거나 어떤 일을 함으로써 그 상황이 달라질 수 있다. 또한 어떤 피할 수 없는 상황에 닥쳤을 때 어떤 태도를 취하느냐에 따라서도 어떤 모습으로 살아가는지 결정하게 된다고 한다. 피할 수 없다면 즐기라는 말도 여기에 해당하지 않을까.

며칠 전에도 아침마당에 출연하신 김형석 교수님의 말씀을 듣고 '그래 맞아.' 하면서 무릎을 쳤다. 올해 102세가 되신 노학자의 지혜로운 조언이 너무 감동적이었다. '60세 이후는 어떻게 살아야 하나요?' 라는 시청자의 질문이 있었다. 교수님은 60세부터가 인생의 황금기이며 노른자위라고 말씀하셨다. 인생은 3단계로 나뉘는데 1단계는 30세까지로 교육받는 시기이며 2단계는 60세까지로 직장인이며 3단계는 사회인이라고 했다. 60세 이후는 사과나무가 열매를 맺는 시기로 그때부터가 가장 중요한 시기라고 했다. 60세 이후의 삶이 가장 소중하다고 하시는 말씀이 모두가 공감 가는 말씀이었다. 소중하다고 생각하고 살아보니 그렇게 살지 않은 사람은 자기 잘못이고 누구나 앞으로는 그렇게 살지 않는 사람은 없을 거라고 하셨다. 교수님에게도 가장 행복하고 생산적이고 보람 있게 살았던 때가 60대부터 80대라고 하셨다.

"그래 맞았어, 바로 이거야."

나는 그날 다시 나의 인생에 대해 곰곰이 생각해보았다. 요즘 들어 많이 주눅이 들었던 터라 무겁던 마음이 가벼워졌다.

이제는 내 인생의 황금기이다. 나는 내 인생길을 달려갈 것이다. 그것도 내가 만들어가는 것이다. 내가 내 목표를 세우고 살아간다면 이후의 내 모습은 달라질 것이라는 희망과 안도감이 생겼다. 다시 신나기 시작했다. 지금의 내 목표대로 살아가는 미래의 내가 그려졌기 때문이다.

나는 이제야 확실히 알았다. 우아하게, 슬프지 않게 나이 드는 것은 끊임없는 도전의식과 식지 않는 열정이라는 것을 깨닫게 되었다. 그러기 위해서는 계속 공부를 해야 한다는 것을 알았다. 마음이 한결 가벼워졌다. 나는 이제는 초라한 내가 아닌 우아한 모습으로 내 인생을 만들어가고 싶다. 살아가면서 후회 없는 인생을 살 수 있다면 좋겠지만 무결점 인생은 없다. 많은 시간을 마음 졸이며 살아왔다.

결국 선택은 내 몫이다. 나는 우아하게 슬프지 않게 나이 들기 위해 더 노력할 것이다. 계속해서 두드리고 앞으로 나아갈 것이다. 그래서 지금보다 더 많은 나이가 되었을 때 잘했다고 칭찬받게 할 것이다. 나에게. 반드시!

3장.

더 늦기 전에 내가 하고 싶은 일들

: 7가지 버킷 리스트

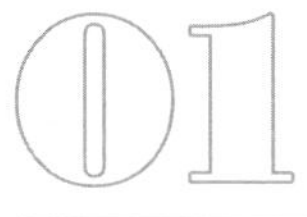

당당하게 늙어가기

누구에게나 삶은 한 번뿐이다. 나에게도 마찬가지이다. 사람들은 시간이 흐르면 생리적으로 자연히 늙어간다. 이것은 자연 현상이다. 나이가 드는 것은 누구나 예외 없이 가야 하는 길이다. 어떻게 늙어가는 것이 가장 좋을까. 아무리 나이가 들어도 당당할 수 있다면 얼마나 좋을까. 삶의 진정한 의미를 알고, 삶 앞에서 당당한 내가 되고 싶다.

우리 언니는 나보다 나이가 여덟 살이나 위이다. 언니는 어린 나이에 동생들을 키우느라 고생을 많이 했다. 바쁜 어머니를 도와 나를 업어서 키워야 했다. 어린 손에 물 마를 날이 없었다고 했다. 공부가 그렇게 하고 싶었는데 동생들 때문에 할 수가 없었다. 지금도 나는 언니에게 너무 미안하다.

하지만 언니는 모든 일에 적극적이며 열성이다. 그 부지런함은 누구도 따라갈 수가 없다. 새벽 네 시면 일어나 김치를 담근다. 배추김치, 총각김치, 물김치 종류도 여러 가지이다. 그 맛이 일품이다. 식당을 하면서 일이 그렇게 많아도 남에게 맡기는 법이 없다. 그리고 사우나에 잠깐 들른 다음 시장을 봐서 점심 장사를 준비한다. "사람이 어떻게 그렇게 해?" 하면 본인은 늘어지게 사는 게 싫단다. 늘 부지런하고 다른 사람보다 앞서가려 한다. 늘 부족한 배움에 한탄하지만 지는 법은 없다. 옷매무새도 깔끔하고 멋쟁이이다. 같이 다니면 나이 차이에도 불구하고 친구로 봐서 나를 부끄럽게 한다.

언니는 시댁에 큰 어려움을 겪고 수원을 떠났다. 그리고 일면식도 없는 온양에 자리를 잡았다. 불모지나 다름없는 곳에서 열심히 일했다. 이제는 살 만하다. 얼마 전에는 아들에게 집도 사주었다. 언니와 형부는 지금도 부지런히 일한다. 어렵고 힘들었지만 이겨 냈다. 그리고 당당하게 살아간다. 나도 그런 언니가 존경스럽고 자랑스럽다.

세상에 힘들고 어려운 일을 겪는 사람들은 수없이 많을 것이다. 나 또한 그랬으니까. 그러나 언니는 그것을 훌륭하게 이겨내었다. 그리고 당당해졌다.

사람들은 나이가 들어가면 안타깝고 서글픈 생각만 하며 차츰 인생이 끝나가고 있다는 생각에 모든 걸 포기하려 한다. 자연적인 의미의 나이 듦에 차츰 익숙해져 가는 것일 수 있다. 그러나 한 번뿐인 인생 어떻게 살고 어떻게 늙어가야 할까? 무엇을 하며 살아갈까? 누구에게나 주어지는 질문일 것이다.

우리나라는 지금 고령 사회다. 고령 사회라는 것은 늙고 나이 들어가는 사람이 많다는 뜻이다. 누구나 예외 없이 나이는 들어간다. 젊은 사람들이 나이 든 사람을 '틀딱'이라며 비아냥거리는 것을 보면 심사가 뒤틀리는 것은 나도 나이가 먹었다는 반증일 것이다. "지들은 안 늙나? 나도 그 나이는 살아봤다구." 하는 노인들의 한탄도 공감이 간다. 하지만 누구나 예외 없이 늙어가더라도 어떻게 늙어가느냐에 따라 나머지 인생은 달라질 것이다. 멋지고 아름답게 늙어가는 사람이 있는가 하면 볼품없이 추하게 늙어가는 사람도 있을 것이다. 그것은 본인의 선택이리라.

누구나 아름답게 늙고 싶을 것이다. 아름답게 늙어간다는 것은 어쩌면 나이에 맞게 초라하지 않게 늙어가는 것일 것이다. 또한 본인의 의지대로 나답게 늙어가는 것일 것이다. 사람들은 각양각색의 모양을 하고 살아간다. 생김새와 사는 방식도 태도도 다르다. 그래서 내가 누구인지도 알아야 한다. 다른 사람에게 어떤 모습을 하고 있는 사람인지도 알아야 한다. 다른 사람에게 좋은 영향을 주는 사람인지 아니면 상처 주고 고통을 주는 사람인지 알아야 한다. 그래야 나를 돌아보고 내 태도를 결정할 수 있다. 이왕이면 사랑과 용서, 너그러움이 있는 아량 있는 사람이면 좋을 것이다.

실제로 나이가 들어도 당당할 수 있다면 얼마나 좋을까. 우리 친구 어머니는 96세이시다. 지금도 자식들 신세 안 지고 혼자 사신다. 우리 어머니하고는 동갑 친구이시다. 우리 어머니는 일흔하나에 갑자기 돌아가셨는데 친구인 그 분은 아직도 살아 계신다. 너무 부럽다. 친구는 만나면 어머니의 근황을 이야기한다. 아직도 혼자서 밥해 드시고 아들들이 같이 살자고 해도 마다하신다고 한다. 며느리 눈치 볼 일 없으니 스트레스 받을 일 없어 맘 편히 지내셔서 장수하시는 것 같다고 한다. 텃밭도 가꾸어서 자식들에게 주신다. 힘 드니 그만 하시라고 말려도 끄떡 없으시단다. 자식들은 돌아가며 어머니를 돌보니 큰 부담도 없다. 그게 장수의 비결인 것 같다. 하고 싶은 대로 하고 누구 간섭 받지 않고 사시니 건강하게 오래 사시는 것이다.

몇 해 전 친구의 아버지는 백세를 넘기고 동네에서 해주는 백세 잔치를 하시고 돌아가셨다. 친구 아버지는 기골이 장대하시고 훤칠한 외모를 가지신 분이었다. 늘 활기차고 당당하셨다. 두 분 모두 우리 부모님과 성 씨가 같다고 하여 각별하게 지냈다. 친구 어머니는 아버지가 돌아가시기 얼마 전 돌아가셨다. 두 분 모두 장수를 하신 일은 드문 일이었다. 집안의 모든 대소사를 직접 챙기시며 많은 재산도 자녀들에게 남기셨다. 모두 당당하게 살다 가신 분들이다. 나는 늘 장수하시는 부모님을 둔 그들이 부러워 안부 인사를 잊지 않았다. 장례식에 갔을 때 자녀들은 장수하신 부모님을 축복하는 것처럼 행복해 보였다. 그만큼 여한 없이 당당하게 살다 가신 것이었다.

나이 들어도 당당할 수 있다는 것은 자식들에게 짐이 되지 않아야 한다는 뜻일 것이다. 경제적인 것은 말할 것도 없이 정신적으로도 기대지 말아야 한다는 것이다. 그것은 편안함일 것이다. 물질의 풍족함에서 오는 편안함뿐만 아니라 인고의 세월을 견디어온 여유가 있어야 할 것이다. 삶의 성숙이 느껴지는, 인생의 향기가 느껴지는 노년이라면 얼마나 당당할까. 어디선가 본 듯하다. 노년의 성숙함이란 다음 세대를 위한 희생에서 비롯된다고, 인고의 세월을 견뎌서 만들어 낸 향기라고, 그래서 더 원숙하고 짙은 향내가 난다고, 그것은 인생의 향기라고…. 늙어가는 것도 감사해야 할 일이 아닌가 싶다.

누군가는 늙어감을 슬퍼하고 안타까워한다. 그러나 그것은 훈장인 것이다. 이 세상에 왔다갔다는 증명일 것이다. 아이들을 낳아 키우고 나를 희생하며 살아온 나날에 대한 세월의 훈장인 것이다.

나이가 들면 체력이 떨어지고 기억력도 줄어든다. 체력이 떨어지니 저절로 의기소침해진다. 당당하게 늙는다는 것은 쉽지 않다. 나는 나이 들어간다는 것을 넘어질까, 혹시 미끄러지지 않을까 조심하는 나를 보고 느꼈다. 흰머리가 희끗거려도 느낄 수 없던 허무함이 밀려왔었다. 그게 꽤 오래 전 일이다. 이제는 당연하게 느낀다. 그래서 아주 조심스럽게 다닌다. 누구에게나 예외 없는 일이라 여기니 마음이 편해졌다.

이제는 당당하게 늙고 싶다. 누구에게나 삶은 한 번뿐이다. 이제는 과거에 대한 합당치 못한 생각이나 고집은 버리고 싶다. 예전에 느꼈던 부당한 생각이나 분노도 모두 버리고 싶다. 좋았던 일을 추억하며 여유 있고 건강하게 늙어가고 싶다. 아름답고 우아하게 늙고 싶다. 하긴 어떤 사람이 추하고 볼품없는 모습으로 늙고 싶겠는가. 이왕이면 아름답게 늙어가고 있다는 칭찬을 듣고 싶다. 그것은 가장 나답게 늙어가는 것일 것이다. 그래서 나름대로 노력한다. 나답게 나이 들기 위해 노력한다.

사람들은 각양각색의 모습으로 살아간다. 살아가는 모습도 인생을 대하는 태도도 다르다. 그래서 늙어가는 모습도 다를 수밖에 없다. 생을 살아가면서 누군가에게는 상처를 주고 고통을 주는 사람이 될 수도 있다. 또 누군가에게는 희망을 주고 기쁨을 주는 사람일 수도 있다. 하지만 나는 주변 사람에게 기쁨과 희망을 주는 사람이 되고 싶다. 누구에게나 힘든 사람에게는 함께 슬퍼해주고 위로가 되는 사람이 되고 싶다. 불행한 일이 생긴 사람에게는 같이 아파해주며 그 아픔을 치유해주고 싶다. 불평불만으로 흉하게 늙는 사람이 아니라, 항상 사랑과 여유가 넘치는 사람으로 노년을 맞이하고 싶다. 그래서 남은 삶을 여유 있고 건강하고 당당하게 늙어가고 싶다. 당당하게 나이 들어가고 싶다.

경제적으로 독립하기

"어머니는 왜 맨 날 돈, 돈 해?"

철없는 딸은 어머니에게 왜 돈, 돈 하냐며 핀잔을 주었다. 어머니에겐 그 말이 너무 큰 상처였다. 아무것도 없는 집안에 시집와서 아이들을 일곱이나 키우며 밤잠 안 자고 일해서 공부시켜놨더니 딸이 이런 말을 하다니 기가 막히셨을 것이다. 어머니는 "그래, 너도 한 번 살아봐라." 하며 아무 말도 안 하셨다. 어머니는 늘 부지런했다. 새벽이면 일어나 밥상을 차려놓고 밭으로 나가셨다. 일곱이나 되는 자식들이 먹을 게 부족해서 마음껏 먹일 수 없었기에 늘 밭으로 논으로 부지런히 일해야 살 수 있었다. 그 억척스러움을 누구도 따라올 수 없었다. 나물을 캐러 동네 사람들과 나서면 다른 사람보다 항상 더 많이 캤다. 몸집에 비해 손도 빠르고 욕심도 많았다. 뭐든 내가 더 많이 해야 직성이 풀렸다. 그만큼 억척스러웠다.

어머니는 가끔 전쟁통에 겪은 이야기를 하셨다. 오빠 셋과 언니를 마차에 태우고 폭격이 쏟아지는데 피난을 가셨다고 했다. 가는 중에도 눈 깜짝할 사이에 사람들이 피를 흘리며 죽어가는 걸 봐야 했다. 그 고생은 전쟁 이후에 태어난 나로서는 자주 들어도 잘 이해가 되지 않았다. 전라도까지 내려갔다가 전쟁이 끝나고 집에 올 수 있었다고 한다. 그렇게 전쟁을 겪고 피난을 갔다 오니 집은 형체도 없이 사라졌고, 움막을 세우고 거기부터 다시 시작해야 했다. 정말 먹을 게 없었다. 휴전 중에도 가끔 굉음을 울리며 폭격을 해서 밭에서 동네 사람들이 죽어나가는 모습을 보셨다. 끔직한 상황을 담담히 말씀하시곤 했다. 전쟁 세대라서 끔직한 상황을 많이 목격했기에 어머니는 침착하기도 하고 억척스럽기도 했다.

새벽부터 밤까지 일하며 어머니와 아버지는 땅을 사들였다. 아무것도 물려받은 것 없이 자식들을 먹여 살리는 것은 농사밖에 없었다. 밤 열두 시 통금 사이렌이 울릴 때까지 일했다. 그러면 아침에 해놓은 밥을 어린 자식들끼리 먹기도 하고 때로는 굶고 방구석 이곳저곳에 쓰러져 잠들어 있었다. 어머니는 돌아와서 늘 그런 자식들이 안쓰러웠다. 하지만 악착같이 일해야 빚을 갚을 수 있어서 그렇게 살 수밖에 없었다.

나는 그 후에 태어난 막내딸이어서 그런 모습을 본 적도, 상상할 수도 없었다. 어머니 아버지는 겨울이면 사랑방에서 나에게 그런 이야기를 들려주었다. 짚을 가져다 새끼를 꼬며 가장 한가한 시간이기도 했다. 나는 어머니의 고생담을 들으면서 컸다. 큰어머니와의 사이가 안 좋은 이유도 들었다. 외할아버지가 목재를 실어다주셔서 집을 지었는데 큰어머니가 냉큼 이사를 가버리셨다. 어머니는 열세 살에 시집을 오셨다. 일제 여성 징집을 피하기 위해서 외할아버지가 일찍 시집을 보내셨다고 했다. 어린 새댁을 두고 아버지는 징용을 가셨다. 큰어머니는 남편도 없는 어린 동서를 구박했다. 하도 구박이 심해서 어린 마음에 큰어머니의 손가락을 물어버렸다고 우리에게는 웃으며 말씀하셨다. 얼마나 고생이 심했는지 알 수 있었다.

간신히 살아 돌아온 남편과 줄줄이 태어나는 아이들을 먹여 살려야 하는 고난의 세월을 보내셨기에 어머니는 억척스럽게 변할 수밖에 없었다. 절약하고 아끼는 것뿐만 아니라 모으는 것도 잘하셨다. 어느 정도 살 만해질 때까지 어머니는 늘 억척스럽고 무서운 어머니였다. 아침에 우리는 줄을 서서 용돈을 받았다. 셋째 오빠, 넷째 오빠, 막내 오빠, 나까지 넷이 줄서서 용돈 받는 진풍경이 벌어졌다. 시골에서 달리 수입이 없어서 주마다 한 번, 달마다 한 번.

이런 것은 생각할 수도 없는 때였다. 셋째 오빠는 수원으로 새벽밥을 먹고 가야 했다. 없는 돈에 아침마다 차비며 용돈을 주려니 쉽지 않은 일이었다. 돈이 없는 날이면 욕바가지가 쏟아지는 날이었다. 우린 그날그날 어머니의 기분을 살피며 용돈을 타야 했다. 셋째 오빠가 욕을 먹은 날은 눈치 있게 차비가 없어도 돈 달라 소리 안 하고 걸어서 학교를 갔다. 그나마 공부 잘하는 넷째 오빠만 특별 대우였다. 장난꾸러기 막내 오빠도 아무 말 못하고 걸어서 학교를 갔다.

그렇게 힘들게 살았으니 자식들이 알아줄 만도 한데 왜 돈, 돈 하냐고 하니 그 말이 뼈에 사무치셨는지 몇십 년 후에 나에게 갚아주셨다. "그래, 살아보니 어머니가 왜 돈, 돈 했는지 알겠니?" 하시는데 깜짝 놀랐다. 철없는 딸이 한 말을 잊지 않고 계셨다니 너무 놀라웠다.

그렇게 고생하시면서 어머니는 경제적으로 완전한 독립을 하신 거나 다름없었다. 먹지 않고 입지 않고 고생한 덕에 그 동네에서는 알부자가 되어 있었다. 빚에 빚지고 사들인 땅들이 효자 노릇을 했기 때문이다. 하지만 갑자기 돌아가셔서 온전히 그 혜택은 보지 못하셨다. 덕분에 남은 자손들은 덕을 보고 있다. 어머니 아버지의 값진 희생이 있었기에 가능한 일이다.

요즘은 노년의 빈곤층이 늘어나고 있다. 급격한 노령화로 인하여 여러 가지 문제가 발생하고 있다. 나는 베이비부머 세대다. 베이비부머란 전쟁 후 1955년부터 1963년 사이에 태어난 세대를 일컫는 말이다. 나의 형제들은 모두 베이비부머 세대다. 모두 어렵게 컸지만 자식에 대한 의존도는 가장 낮은 세대이기도 하다. 오죽하면 부모에게는 효도하고 자식에게 버림받는 낀 세대라고 불린다. 우리나라는 노인들 중에 경제적으로 독립해 안정적인 노후 생활을 하는 사람은 10명 중 3명에 불과하다고 한다. 또 노인 10명 중 7명은 만성 질환을 앓고 있다고 한다. 경제적으로 독립한 사람이 30%정도밖에 안 된다고 하니 막막한 노인들의 생활상이 보이는 듯하다. 경제 상태와 건강 상태에 따라서 우울감과 삶의 만족도가 달라진다고 한다.

나이가 들면 가장 중요한 것이 경제 상태일 것이다. 슬픈 현실이다. 수입이 안정적으로 발생하지 않으면 재정적인 자유를 잃게 된다. 가장 두려운 문제일 것이다. 우스갯소리로 이제는 주울 박스도 없다고 한다. 그만큼 빈곤층으로 몰린 노인들이 많다는 얘기일 것이다. 우리는 모두 미래에 대해 준비를 너무 소홀히 했다.

나는 이제부터 시작이다. 언제나 나는 나를 믿는다. 나도 힘들고 어려운 시절을 거쳐서 이제야 노후대책을 하고 있다. 내가 믿는 것은 나에 대한 투자이다. 나는 나에 대해서만은 끊임없이 투자하고 있다. 투자라 해서 거창한 것이 아니다. 공부를 하는 것이다. 책을 많이 보고 내가 무엇을 해야 노후를 안정되게 살 수 있을지 고민한다. 책을 보며 용기를 얻고 길을 찾는다.

인생의 황금기는 60세부터 75세라는 말을 들었다. 사람들은 정년퇴직을 한 후는 그냥 쉬어도 된다며 시간을 낭비한다. 그동안 열심히 30년 일했으니 남은 시간은 놀아도 된다며 일을 하지 않는다. 그러나 이제는 백세 시대이다. 남은 시간이 살아온 시간보다 더 많을 수 있다. 그래서 더 열심히 그다음 시간을 준비해야 한다. 나는 늘 고민한다. 어떻게 해야 남은 시간을 더 알차고 보람되게 보낼 수 있을지를. 내 나이 70이 되었을 때 후회하지 않기 위해 쉬지 않고 노력한다. 내가 늙는 게 아니라 남이 나를 늙게 한다는 것을 알기에 나는 내 스스로 늙지 않기 위해 노력한다.

경제적 독립이라는 것은 물질적인 독립을 이야기하는 것일 것이다. 즉 재정적으로 안정되어 자식들한테 손 안 벌리고 내 인생은 내가 책임져야 한다는 뜻일 것이다. 나는 크게 물려줄 만큼 재산을 모으지도 못했다. 그저 우리 식구 편안히 쉴 수 있는 집이 있을 뿐이다.

내가 늘 쉬지 않고 무엇인가를 하겠다며 찾아다니면 주변 친구들은 모두 쉬어야 할 나이에 왜 그리 바쁘냐며 의아해한다. 나는 물질적으로 크게 물려줄 만한 재산도 없으니 그저 내가 열심히 일해서 노후에 나는 내가 책임지는 것이 자식들에게 해줄 수 있는 일이라고 생각한다. 어느 날 책을 보며 내가 찾아낸 나만의 노후 대책이다.

어디선가 본 구절이 생각난다. 백세 시대가 된 지금 우리들에게 가장 필요한 것은 '하라'라는 뜻이라고. 하면 못할 것이 없고 노력하면 안 될 것이 없기 때문이다. 그래서 지금도 늦지 않았다고 생각한다. 안 되면 일곱 번이고 열 번이고 하면 되지 않을까?

요즘은 어딜 가나 공부하는 사람들이 많다고 한다. 큰 기업체의 임원이나 간부들도 공부한다. 새로운 것을 배우고 연구해야 발전적으로 경영을 할 수 있고 그런 회사가 살아남을 수 있기 때문이다. 학생보다 더 공부하는 교수가 훌륭한 스승이 된다고 했다. 사원보다 열심히 노력하는 임원이 있어야 회사가 발전할 수 있을 것이다.

나는 지금도 경제적으로 독립하기를 꿈꾼다. 물론 재정적인 것도 포함해서이다. 하지만 이제는 먹고 사느라 하지 못했던 나만의 공부를 하고 싶다. 공부에 대한 나만의 꿈이 있고 공부에 대한 즐거움을 알았기 때문이다. 내가 무엇을 할 때 가장 행복한지 내가 좋아하는 게 무엇인지 알게 되었다. '액티브 시니어'가 되고 싶다. 내가 좋아하는 것 내가 원하는 일을 하며 성취하는 노년을 살고 싶다. 그리하여 경제적으로 독립하고 정신적으로도 완벽하게 독립하여 행복한 노년을 만들고 싶다. 성공하는 노년을 만들고 싶은 게 나의 꿈이 되었다.

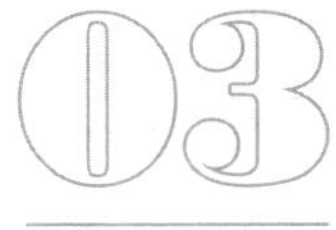

부끄럽지 않은 할머니 되기

살아가면서 또 하나 내 인생의 과제가 생겼다. 손주들이 생긴 것이다. 첫째 손녀딸이 생겼을 때는 갑자기 찾아온 손녀에 대한 마음의 준비나 여유가 전혀 없었다. 아이를 키운 지 오래 되었고 사느라 바빠 이런 저런 여유 있는 생각을 할 틈이 없었다. 그저 어이없다고 철딱서니 없는 아들에 대한 야속함만을 가지고 있었다. 하루는 며느리와 아들을 불러 앉혀놓고 아이가 태어나도 예뻐하거나 귀엽다 하지 않을 테니 서운해하지 말라고 공표를 했다. 어머니의 그 말이 서운했을 법한데 자신들의 처지를 알기에 아들과 며느리는 아무 말 없이 다소곳이 앉아 듣기만 했다.

언니는 손자를 너무 예뻐했다. 식당을 하면서 그 고된 일에도 손자라면 벌벌 떨었다. 누구도 건드리지 못하게 하고 오로지 자나깨나 손자만 생각했다. 나는 도무지 이해가 가지 않았다. 허리가 아파 쩔쩔매면서도 업어달라는 손자를 업고 일했다. 막무가내로 떼쓰면 뭐든 다해주는 할머니였다. 요술 주머니처럼 원하는 것은 다 들어주는 마법사 할머니였다. 동생인 나로서는 도저히 이해가 가지 않았다. 나는 언니에게 너무 그렇게 오냐 오냐 하는 것은 할머니들이 아이에 대한 책임감이 없어서 그런 것이라며 아이를 위해 절제하라며 타박하기까지 했다.

언니를 보면서 나는 손자가 생겨도 절대 저렇게 하지는 않겠다고 결심했다. 절대로 버릇없는 아이로 키우지 않겠다고 단단히 결심했다. 그래서 아들 내외를 불러놓고 냉정한 할머니가 되겠다고 공표를 한 것이었다. 그때는 그것이 얼마나 오만한 말이었는지 상상도 못했다. 그리고 큰손녀가 태어났다. 병원에 가서 손녀를 보는 순간 모든 삶의 축이 전환이 되는 느낌이 들었다면 과장된 표현일까? 쪼글쪼글한 피부가 귀엽게 느껴진다는 것은 무슨 의미일까? 가슴 깊은 곳에서 퍼지는 '저 조그만 것이 얼마나 힘들었을까?' 하는 측은함은 도대체 무슨 의미일까? 알 수 없는 슬픔과 벅차오르는 희망이 느껴졌다.

아이는 너무 예뻤다. 큰 눈망울에 오뚝한 콧날을 볼 때마다 감탄을 불러일으켰다. 우리는 모두 매일 아가 앞에 둘러앉았다. 울면 따라 울고 웃으면 같이 웃었다. 신비한 세상이었다. 나도 어느새 언니처럼 세상의 모든 것을 쥐어 주려는 할머니가 되어 가고 있었다. 아이 인생에 책임감이 없어서 버릇없는 아이를 키운다는 할머니가 바로 나였다.

두 번째 남자아이가 태어났다. 나는 더 옛날 손자만 차별하는 시어머니처럼 손자가 눈에 밟혔다. 어머니가 왜 그리 손자, 손자 했는지 이해가 갈 정도로 나는 요즘 할머니답지 않게 두 번째 손자가 예뻤다. 그 아이가 울면 심장 끝이 아려오기까지 한다. 아들과 며느리는 어머니의 돌변한 태도에 안도를 하면서 "정말 어머님이 아이를 예뻐하지 않을까 걱정했어요." 하며 서운했던 마음을 대신했다.

참으로 신기한 일이다. 그사이 딸도 결혼해서 아이를 낳았다. 손주들은 태어날 때마다 나에게 다른 느낌으로 다가왔다. 상상하지 못한 삶의 기쁨으로 다가왔다. 아이들은 모두 다르다. 생김새도 다르고 성향도 다르다. 어떻게 이렇게 개성 있고 특색이 있는지 한 뱃속에서 태어났다는 것이 믿어지지 않을 정도다. 아이들은 각자의 다른 모양새로 자란다. 모두가 너무 착하고 예쁘고 귀엽다. 마음속에 있는 수식어가 부족할 정도이다. 반짝이는 눈들을 들여다보면 삶의 신비가 다 들어 있는 것처럼 느껴진다.

하루는 엘리베이터를 아이들과 같이 타게 되었다. 마침 내가 두 아이를 데리고 먼저 내려오게 되었다. 갑자기 딸네 손자가 아들네 손자에게 물었다.

"형아, 나는 네 살이야. 형아는 몇 살이야?"

손가락으로 네 개의 손가락을 펼쳐 보이며 물었다. 해가 바뀐 지 얼마 되지 않아 나이를 새로 배운 모양이다. 아들네 손자가 음음하더니 다섯 손가락을 활짝 펴보였다. "응, 나는 다섯 살이야. 나도 예전에는 네 살이었는데 이제 나이를 많이 먹어서 다섯 살이 되었어." 하며. "응 그랬구나." 알았다는 듯 말하는 녀석을 보니 웃음이 터져나왔다. 같이 탔던 아주머니도 "아이고, 귀여워라." 감탄사를 연발하며 같이 웃었다.

다섯 살이 많은 나이라니, 하긴 자신이 살아본 나이 중에는 가장 많은 나이이니 그런 말이 나올법했지만 나는 지금도 생각만 하면 웃음이 절로 나온다. 나이의 많고 적음은 본인이 만들어가는 것이 아닐까 하는 생각이 든다. 아기가 다섯 살이 많은 나이라고 말하는 것도 본인 기준인 것이다. 나는 내 기준을 내가 만들려고 한다. 언젠가 친정 올케들과 같이 식사를 하고 이야기를 나누게 되었다. 그중 올케 한분이 나에게 물었다.

"막내 고모, 올해 나이가 어떻게 돼요?"

"이제 거의 쉰여덟이요."

"아니, 벌써?"

올케들이 깜짝 놀랐다. 막내가 그러니 우리도 나이를 먹었다며 웃었다.

"그러게요. 내 나이가 어느새 그렇게 되었네요."

내가 한숨 쉬듯 말했다.

"고모, 그 나이면 뭐가 걱정이에요? 나 같으면 뭐든 할 수 있을 거 같아."

나는 그날 망치로 머리를 맞은 것 같은 기분이었다. 나보다 나이가 10년 정도 위인 올케들이다. 올케 언니들의 이미 지나버린 날들에 대한 짙은 아쉬움에 나는 충격을 받았다. 나도 밖에 나가면 젊고 예쁘고 똑똑한 친구들이 너무 많아 주눅이 들던 때였다. 그래서 자신감도 떨어지고 내 나이에 대한 회한이 들던 참이었다. 그런데 나보다 10년 위인 올케언니들은 정작 내 나이를 부러워하고 있었던 것이었다.

그날 나는 집에 와서 조용히 책상에 앉았다. 그리고 다시 한 번 생각해보게 되었다. 과연 내 나이가 많은 나이인가. 이대로 이 나이를 지나쳐야 하겠는가. 나중에 정말 올케언니들 나이가 되었을 때 후회하지 않으려면 나는 어떻게 해야 하는가. 정말 많은 생각이 나를 잠 못 들게 했다. 나는 할머니이며 나이도 먹었다. 특별한 학력도 없으며 좋은 직장엘 다닌 것도 아니다. 특별한 재능도 없고 한마디로 스펙이 없다. 모아놓은 재산도 없다. 어떻게 나이를 먹어갈 것이며 어떻게 살아갈 것인가. 그러나 내 나이를 부러워하는 사람들이 있다는 사실이 나를 설레게 했다.

나이는 누구나 먹게 마련이다. 지금은 100세 시대라는 말이 흔히 사용되고 있다. 그러나 그 시대를 준비하며 산 사람은 많지 않다. 하다못해 100세 학자인 김형석 교수도 자신의 나이가 두 자리에서 세 자리로 바뀐 것을 보고 깜짝 놀랐다고 한다. 그분은 늘 인생의 황금기는 60세부터라고 한다. 그때부터 진정 사람들에게 존경받고 살 수 있는 때라고 한다. 나이가 들수록 할 일이 너무 많다고 했다. 그 나이에 그 많은 일을 하시고 바쁘고 저명하신 분이 아직도 할 일이 너무 많다고 하니 부끄러운 마음이 들었다.

나는 부끄럽지 않은 할머니가 되고 싶다. 나의 손자 손녀들에게 자랑스러운 할머니가 되고 싶다. 나는 아이들에게 올바른 인성을 만들어주고 싶다. 착하고 따뜻한 아이들로 자라나게 하고 싶다. 사람들에게 베풀며 사는 삶을 가르쳐주고 싶다. 손주들이 아름답고 여유로운 삶을 살게 하고 싶다.

그래서 나는 지금도 아이들에게 내 방에 오면 책을 읽게 하고 책과 놀게 한다. 할머니가 늘 공부하는 모습을 보여주려 한다. 내가 내 목숨보다 사랑하는 우리 손자들에게 해줄 수 있는 것은 세상과 소통하고 세상을 좀 더 밝게 만드는 사람이 되게 하는 것이다. 훌륭한 사람이 되어서 이 사회에 이바지하는 사람이 되었으면 한다. 물론 본인도 행복한 사람이 되어야 한다.

그러기 위해서 나는 오늘도 노력한다. 마음이 늙지 않으려고 한다. 몸도 바른 자세를 유지하려 한다. 내가 나를 만들어가려고 한다. 물론 좀 더 일찍 알았으면 하는 아쉬움이 크다. 좀 더 일찍 지금 젊은 친구들처럼 내 인생을 먼저 개척하려고 행동하고 나섰다면 얼마나 좋았을까? 그러나 이제는 후회하지 말자. 지금의 내 자리에서 최선을 다하자. 시간이 지나 내 나이가 올케들의 나이가 되었을 때 지난 세월을 아쉬워하지 말자. 그러기 위해서는 더 노력해야 한다. 적극적인 삶, 즐거운 삶, 의미 있는 삶을 살자. 나를 위해, 부끄럽지 않은 할머니가 되기 위해 나는 오늘도 열심히 달려본다.

04

나누며 베풀며 사는 사람 되기

나누며 베푸는 삶이란 무엇일까? 물질적으로만 가능한 것일까? 꼭 부자여야만 가능한 것일까? 부자여도 꽁꽁 싸매며 베풀지 못하는 사람도 있다. 가난해도 베풀며 살 수 있다면 얼마나 좋을까? 늘 나누고 베풀면서 사는 사람에 대한 이야기를 많이 듣는다. 나도 요즘은 기도 제목 중의 하나가 나누며 베풀며 사는 사람이 되게 해달라는 것이다.

우리 부모님은 늘 인심이 좋으셨다. 동네 첫 집이라서 오가는 사람들의 쉼터요 사랑방이었다. 오가는 사람들 밥 해먹이시고 늘 사람들이 북적였다. 어머니 아버지는 사람들이 많이 모이는 것을 좋아하셨다. 사람 사는 집에는 사람이 많이 드나들어야 한다며 그 부분만큼은 의기투합하셨다.

동네 앞 개천에서 미꾸라지라도 잡아오면 그날은 동네잔치가 벌어졌다. 어머니는 큰 솥에 불을 때서 추어탕을 끓이셨다. 음식 솜씨가 좋으시고 손이 큰어머니는 넉넉하게 끓여서 온 동네 사람들이 다 먹을 만큼을 만들어내셨다. 참으로 신기한 일이었다. 미꾸라지는 많은 것 같지 않은데 그렇게 많이 만들어내는 어머니의 솜씨에 동네 사람들은 모두 배불리 먹었다. 맛도 너무 좋았다. 통 미꾸라지를 밀가루에 버무려 넣고 마늘과 대파를 듬뿍 넣은 그 추어탕은 지금도 우리들이 잊지 못하는 추억의 음식이 되었다. 어딜 가도 그때의 그 맛을 느낄 수는 없다. 가끔 큰올케언니가 그 맛을 살려서 추어탕을 끓여준다. 너무 맛있지만 그때처럼 배가 고프지 않아서 그런지 그 맛을 느낄 수 없어 아쉽다.

부모님은 늘 인심이 후하셨다. 아버지는 어렵고 힘든 사람들의 대변인이요 보호자였다. 동네 어려운 일이 생기면 제일 먼저 앞장서서 일을 해결해주셨다. 동네 장례가 생기거나 동네 아저씨들 형제간의 분쟁 등 모두 아버지를 찾았다. 조용하고 과묵하신 아버지는 불평불만 없이 모든 동네일을 해결하셨다.

큰오빠가 군대를 가자 일손이 부족한 아버지는 오가라는 성을 가진 머슴을 들이셨다. 나는 그를 오 씨 오빠라고 불렀다. 충청도에서 올라온 순박한 노총각이었다. 오빠라고 하기엔 내 눈에는 아저씨처럼 보였다. 마음씨도 착했다. 말도 약간 더듬었다. 그 당시에 서른이 훌쩍 넘었으나 어려운 살림에 장가도 못 간 모양이었다. 오 씨 오빠는 어린 내 눈에도 약간 모자라 보였다. 손이 빠르지 않아 아버지는 답답했으나 한 번도 타박하지 않으셨다. 우직하게 힘든 일은 잘했다. 작은오빠들은 아버지를 도와서 일하는 부담에서 잠시 벗어날 수 있었다. 아버지는 잘 보살피셨다. 저녁에는 이런 저런 세상 이야기를 들려주셨다. 품삯도 넉넉히 챙겨주셨다. 충청도까지 쌀 일곱 가마를 마차로 실어다주셨다. 그 몇 년 후 오 씨 오빠는 장가를 들었다며 참한 색시를 데리고 왔다. 같이 일손도 돕고 며칠씩 머물다 가곤했다. 아버지처럼 잘 따르고 몇 년에 한 번씩 인사도 왔다. 그러다 아버지가 돌아가시고 소식이 끊어졌다.

아버지는 늘 무언가를 주고자 하셨다. 시골에서 많이 배우지 못한 시골 사는 농부였지만 기품이 있었다. 생전 학교라고는 오시지 않던 분이 내가 고등학교 갈 때 상담하러 중학교에 오셨다. 처음이었다. 나는 아버지가 오시리라고는 상상도 못했다. 쉬는 시간에 화장실 갔다가 밖을 보니 자전거를 타고 가시는 아버지 모습이 보였다. 나는 너무 놀랐다. 한 번도 아버지가 학교에 갔다는 말을 들은 적이 없었기에 더 놀라웠다.

잠시 후 담임선생님이 나를 부르셨다. "○○아, 아버지가 왔다 가셨다. 인문계 고등학교를 가셨으면 하시던데."라고 말씀하셨다. 옆에 친구들이 모두 실업계 고등학교를 가던 시기였다. 집에서도 별로 말씀을 안 하셔서 모르고 계신 줄 알았다. 그런데 아버지가 직접 오셔서 그런 말씀을 하시다니…. 그것도 십리 길을 자전거를 타고 오신 것이다. 담임선생님은 아버지와 상담 후 나에게 "너네 아버지 정말 좋아 보이신다." 하며 웃으셨다.

시골 농부지만 나는 아버지가 자랑스러웠다. 아버지는 어려운 살림살이에 크게 기부를 하거나 여러 사람에게 나눔을 하지는 못했지만 항상 사람들에게 마음을 나누어주며 주변 사람들을 따뜻하게 대했다. 큰 지식이 있어서가 아니라 사람답게 살며 이웃을 배려하며 도와주려는 따뜻한 마음씨가 주변을 훈훈하게 만들었던 것 같다. 매사에 신중하고 조용하신 아버지는 울고 싶은 사람에게는 등을 두드려주고 마음을 나누어주고 기쁜 일이 있는 사람에게는 같이 웃어주는 것이었으리라.

'성공이란 나누며 베푸는 삶이 생활화된 것이다.'라는 문구를 본적이 있다. 마이크로소프트 창업자인 빌 게이츠는 모든 재산을 기부했다. 세계적인 투자가인 워런 버핏도 동참했다. 이렇게 세계적인 부자들이 서로 나누며 베푸는 삶을 실천하고 있다. 성공한 기업가이며 돈이 천문학적으로 많은 사람들이니 본인들이 평생을 쓰고도 처치 곤란이라 기부했을 수 있겠다 하는 생각이 드는 것도 사실이다. 하지만 아무리 재산이 많아도 쌓아놓고 쓸 줄 모르는 사람도 또한 많을 것이다. 그러나 세계적인 부자인 두 사람은 진정으로 인류를 위해 더 나은 세상을 위해 기부하기를 멈추지 않는다. 나는 이 두 사람을 정말 좋아한다. 나는 가끔 두 사람의 책도 보고 명언도 찾아보고 동영상도 찾아본다. 그들의 삶이 궁금하고 배우고 싶어서이다. 특히 워런 버핏은 엄청난 자산에도 소박한 삶과 검소한 생활을 하며 대부분의 재산을 기부하는 모습은 존경스럽다.

빌게이츠의 "항상 먼저 다가가고 먼저 배려하고 먼저 이해하라. 주는 만큼 받아야 한다고 생각하지 마라. 아낌없이 주는 나무가 되라. 시작도 하기 전에 결과 먼저 생각하지 마라."라는 명언이 있다. 아낌없이 기부하며 인류를 위해 공헌하면서도 늘 다른 사람을 위한 진정한 나눔을 실천하려는 의지가 보인다. 꼭 물질적인 기부만을 가르치는 말은 아닐 것이다. 어쩌면 이런 사람에게는 성공의 목적이, 성공의 목표가 베푸는 삶이 아닐까?

갑자기 안도현 시인의 「연탄 한 장」 이라는 시가 떠올랐다. 아래는 그 일부다.

또 다른 말도 많지만
삶이란

나 아닌 그 누구에게
기꺼이 연탄 한 장이 되는 것,

…

온몸으로 사랑하고 나면
한 덩이 재로 쓸쓸하게 남는 게 두려워
여태껏 나는 그 누구에게 연탄 한 장 되지 못하였네

'나는 과연 누굴 위해 살았던 적이 있었던가?' 하는 생각이 들었다. 연탄 한 장만 한 희생도 없이 살아왔다. 이기적으로 나만 생각하고 나만을 위해 살았다. 연탄 한 장처럼 온 몸을 불살라 본적이 있는가. 남을 위해 희생해본적이 있는가. 그저 내 새끼들만을 위한 것 아니면 남을 위해 살아본 기억이 없었다.

통장에서 빠져나가는 작은 기부금에도 깜짝깜짝 놀라기 일쑤였다. 이제는 그렇게 살지 말자. 나를 위한 것만이 아니라 다른 사람들에게 나누며 베푸는 삶을 살고 싶다. 작은 것이라도 실천을 하며 힘든 사람의 등이라도 두드려주며 살자. 작지만 매사에 베풀며 나누며 살자.

어디선가 들은 기억이 난다. 어느 교회 권사님은 버스를 타면 항상 앞자리에 앉는다고 한다. 그리고 버스 잔액이 부족해서 당황하는 사람이 보이면 "내가 대신 찍어 줄게요." 하고 카드를 찍어준단다. 어느 날인가 버스를 탔는데 카드를 찍는데 잔액 부족이라서 당황하는 권사님에게 기사 아저씨는 만원짜리를 다른 분에게라도 잔돈으로 바꿔서 넣으라고 했단다. 부끄러워 어쩔 줄 몰라 하던 때 어느 학생이 "제가 대신 찍어 드릴게요." 하며 카드를 대신 찍어줬다고 하며 얼마나 고맙고 감사하던지 지금도 그 학생이 생각이 난단다. 그래서 자신이 예전에 겪었던 경험 때문에 앞자리에 앉아 잔액이 부족해 쩔쩔매는 사람을 보면 서슴없이 카드를 찍어준다는 얘기를 들었다.

베풀고 나눈다는 것은 크고 거창한 것이 아니라 작지만 어렵고 힘들 때 힘이 되어 주는 것이란 생각이 든다. 아버지는 크고 거창하게 대놓고 누구를 돕지는 못해도 항상 따뜻한 마음으로 먹이시고 힘들어하는 사람에게 위로를 해주셨다. 눈물을 흘리는 동네 청년들을 다독여주셨다. 어릴 때는 시도 때도 없이 찾아오는 동네 사람들이 싫었다. 밥 먹을 때도 아버지가 숟가락을 들어야 우리도 밥을 먹을 수 있기에 배가 고파서 기다리는 게 너무 싫었다.

지금에야 생각하니 그것은 아버지가 가진 나누고 베푸는 방법이었다. 아버지의 따뜻한 밥 한 끼, 따뜻한 말 한마디가 삶을 풍요롭게 한다는 걸 알고 하신 것은 아닐 것이다. 그저 마음이 따뜻한 분이기에 가능한 일이었다. 아버지가 돌아가셨을 때 동네 오빠가 왜 이런 분이 먼저 돌아가시냐며 슬퍼했다는 말을 들었다. 그때도 그랬지만 지금도 그 말이 위로가 된다. 나도 아버지처럼 나누며 베풀며 사는 사람이 되고 싶다. 따뜻한 사람이 되겠다고 다짐해본다.

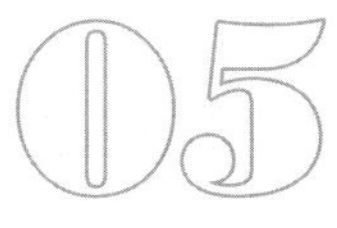

가능한 일과 불가능한 일 알아채기

요즘은 다른 때보다 자신감이 많이 떨어지는 게 사실이다. 늘 나는 할 수 있다고 자신을 다독여왔다. 그런데 나이는 어쩔 수 없는 장벽처럼 느껴진다.

"미스 리, 왜 이리 예쁘냐! 정말 예쁘다!"

출근을 하자 같이 일하는 언니가 놀란 듯이 웃으며 말했다. 언니는 나보다 일곱 살 위로 인심이 좋은 언니였다. 내가 부끄러워하자 언니는 정말 예쁘다며 웃었다. 옆에 있던 아저씨도 거들었다. "정말 예쁜 나이야." 하며 웃었다.

고등학교를 졸업하고 잠시 취업한 회사에서 가장 어린 나를 모두 예뻐했다. 그때 나는 화장도 안 하고 특별한 멋을 내지도 않았다. 아버지가 돌아가신 지 얼마 되지 않아 형편도 어렵고 대학도 포기한 터라 만사에 재미도 없었다. 그런데 출근만 하면 모두 다 예쁘다 하고 진심으로 좋아하는 게 보였다. 내가 보기에는 하나도 예쁘지 않았다. 로션만 바른 맨얼굴에 아무렇게나 자른 머리하며 집에서도 입을 법한 옷을 입었는데 도대체 뭐가 예쁘다는 것인지 이해가 되지 않았다.

어느 날인가 내가 기분이 무엇인가 안 좋은 날이었는지 예쁘다는 그 말이 갑자기 심사가 뒤틀렸다. "도대체 뭐가 예뻐요? 놀리시는 거예요?" 하고 볼멘소리를 했다. 지금 생각하니 그날 옆집 사는 친구가 실업계 고등학교를 나와서 신문사에 취직을 했는데 얼마나 예쁘게 모양을 내고 출근을 하는지 눈물이 났었다. 친구는 집 가까운 곳에 입던 채로 출근을 하는 나를 보고 손을 흔들었다. 친구는 예쁘게 화장을 하고 새로 맞춘 원피스를 입고 새로 산 구두를 신고 있었다. 얼굴도 예쁜 친구는 차려 입은 모든 게 예뻤다. 처음 보는 일류 멋쟁이였다. 같이 손을 흔들어주고는 왔지만 정작 내 마음은 초라한 내 모습에 심사가 뒤틀려 있었다. 내 볼멘 소리에 당황한 아저씨는 나를 위로했다.

"네 나이는 아무것도 안 해도 그 자체로 너무 예쁜 나이란다. 우리는 그 나이를 지나와서 알아. 그 나이가 얼마나 빛나는 때인지, 그 나이 때는 누구도 가질 수 없는 보석을 갖고 있는 때란다."

하지만 나는 이해하지 못했다. 초라한 내 모습이 너무 싫어서 눈물만 났다.

언제부터인가 그 말이 이해가 가기 시작했다. 나도 나이가 들었다는 반증처럼 느껴졌다. 어느새 젊은 친구들이 예쁘게 보이기 시작했다. 그저 가만히 있어도 너무 예뻐서 눈물이 날 지경인 것은 지난 세월에 대한 아쉬움과 회한처럼 느껴진다.

나는 젊은 친구들과 접할 기회가 꽤 많이 있다. 내 주변에는 젊은 친구들이 많이 있다. 내 친한 친구들은 이미 집에서 칩거하기 시작한 지 꽤 오래 되었다. 늦게까지 일하는 나를 보고 다들 부러워한다. 한편으로는 이해가 가기도 하고 한편으로는 집에서 있을 수 있는 그들이 부럽다. 가끔 스트레스를 받을 때면 '집에 편히 있었다면 내가 이 꼴은 안 당할 텐데….' 하고 혼잣말을 하기도 한다.

수원에는 '삼대손'이라는 오래된 한의원이 있다. 원장님이 나이가 지긋하여 일찍 문을 여닫는다. 예약제로만 운영을 하는데 예약을 잡기가 쉽지 않다. 원장님은 침도 잘 놓으시지만 명리학을 공부하셔서 상담도 잘해주신다. 부탁

하면 사주풀이도 해주신다. 인생에 대한 고민도 풀어주신다. 그래서 더 유명해진 곳이다.

어떤 친구는 이곳에 약 지으러 갔다가 조언을 듣고 공부를 했다고 한다. 은행을 다녔던 친구였는데 느닷없이 부동산 공부를 해보라고 해서 하게 되었다. 자격증을 따고 사무실을 열었지만 손님이 없었다. 고심하던 차에 사우나에서 예전에 은행에서 알던 고객과 마주치게 되었다. 고객은 반가워하면서 은행에서 안 보여서 궁금했다며 이것저것 물어봐서 지금은 부동산을 하고 있다고 했더니 잘 되었다며 자신의 골프장을 팔아달라고 해서 그 계약을 성사시켰다. 그 친구는 단숨에 그 분야에서 자리를 잡고 규모를 키워서 일하고 있다. 그 원장님은 자랑스럽게 그 일을 얘기하셨다.

나는 친한 동생이 소개해서 가게 되었다. 나에게는 느닷없이 침술사가 되어 보는 게 어떠냐며 침술을 공부해보라고 권하셨다. 침술 공부를 하면 여러 사람의 병도 고칠 수 있고 사람들에게 존경도 받을 수 있으니 구당 선생님의 이야기며 서울의 학원까지 소개를 해주셨다. 하지만 나는 자신이 없었다. 쉰이 넘은 나이에 서울까지 다니며 공부할 엄두가 나질 않았다. 또한 지금도 그렇지만 한의대를 졸업하지 않으면 불법이라는 제약도 마음에 걸렸다. 그래서 용기를 내지 못했다.

10년이 흐른 지금도 가끔은 아쉬운 마음이 들기도 한다. 원장님은 나에게 지금은 비록 힘들어도 눈덩이를 굴리면 나중에 커지듯이 큰 복을 쌓고 있으니 걱정 말고 열심히 살라고 조언해주셨다. 나이 들면 여러 사람에게 존경받으며 살 운이라고 위로해주셨다. 그 말씀도 나에게는 큰 위안이 되었다. 사업 실패로 어렵고 고단한 삶을 살고 있는 나에게 지금 당장은 아니어도 이다음에 장밋빛이 보장된 것처럼 희망이 생겼다.

그렇게 나는 나이 들어 나를 찾아다니고 있었다. 진즉에 지금의 젊은 친구들처럼 나를 찾고자 했다면 얼마나 좋았을까. 생활에 나를 맡기고 개척하지 않았던 내가 한없이 부끄러웠다. 그래서 나는 지금도 늦지 않았다고 내가 할 수 있는 가능한 일을 찾으려고 한다. 될 수 있으면 내가 젊었을 때 알지 못하고 지나쳤던 것에 대해서 조언을 해주고 싶다. 내가 내 나이에 알게 된 것들을 알게 해주고 싶다. 그래서 내 나이가 되어서 후회하지 않고 당당한 삶을 살 것을 권해주고 싶다.

결혼 전, 친구들끼리 만나면 우리는 미래가 너무 궁금하기도 하고 불안하기도 했다. 내 친구 은주는 나에게 누가 결혼 생활을 잘한 사람이 있으면 따라가보고 싶다고 했다. 우리는 그 시절에 결혼을 앞두고 불안하고 우울하고 미래에 대한 확신도 없었다. 누군가가 조언을 해준다면 그길로 그대로 가고 싶었던 기억이 아직도 생생하다.

그래서 상담 공부를 시작하였다. 누군가와 대화를 나누려면 말하는 기술이라도 있어야 할 것 같았다. 아니면 상대방의 말하는 의도라도 알아야 한다고 생각하고 시작했다. 침술로 사람들을 고치지는 못해도 마음으로 위로해 주며 고치는 방법을 알고 싶었다. 생각만큼 쉽지는 않았다. 그곳에서 좋은 친구들을 많이 만났다. 연령대도 비슷한 친구도 있고 젊은 친구들도 기꺼이 친구가 되어 주었다. 지금도 그 친구들과 카톡을 주고받으며 코로나로 만나지는 못해도 안부를 주고받곤 한다. 늘 위안이 되는 좋은 친구들이다. 그중에 나보다 나이가 위인 언니가 있다. 그 언니는 늘 멋지게 옷을 입고 다닌다. 얼핏 봐도 눈에 띄는 외모에 항상 적극적이다. 동기들 회장도 맡았다. 뭐든 열성을 다하는 언니가 부럽다. 나도 저렇게 나이가 들어도 외모는 곱게, 마음은 젊게 살고 싶은 마음이 간절하다.

나는 가끔 의기소침해지기도 한다. 내가 젊은 사람 앞에 나설 수 있는 사람인지 가끔은 부끄럽다는 생각이 들 때가 많다. 그럴 때 나를 위로해주는 젊은 친구들 때문에 다시 용기를 낸다. ○○님만의 매력이 있으니 걱정하지 말고 힘내라는 말이 왜 이리 위로가 되는지 나 혼자 웃음이 나온다. 슬프기도 하고 행복하기도 하다. 힘이 솟구치기도 하는 알 수 없는 심리가 나를 당황시킨다. 그러면서 또 깨달은 것이 있다. 인생은 나이가 적고 많음이 아니라는 것이다. '누가 더 많이 살았는가'가 아니라 '어떻게 살았는가', 아니면 '어떻게 살고 있는가'의 문제라는 생각이 들었다.

내 나이에 나보다 훨씬 어린 자식 같은 친구들에게 위안받고 마음이 평안해진다는 사실이 놀라웠다. 실은 그들이 너무 부럽다. 젊은 나이라는 무한대의 자산을 가진 그들이 부럽다. 무궁무진한 그들에게 시샘이 나기도 한다. 내가 그 나이를 안 살아본 것도 아닌데 그들은 지금의 그 나이에 내가 상상하지도 못한 일들을 하고 있었다. 나는 왜 몰랐을까? 왜 그렇게 근시안적으로 살았을까?

그래서 앞으로 나는 나처럼 후회하는 인생이 되지 않도록 만들어주기 위해 노력할 것이다. 아니, 내가 앞으로 나에게 올 나의 시간에 후회 없도록 더 열심히 노력할 것이다. 내 나이 이제 예순에 나의 삶에서 가능한 일과 불가능한 일을 알게 되었다. 내 나이를 되돌릴 수는 없다. 그건 불가능하다. 내 나이를 인정한다. 그것은 가능한 일이다.

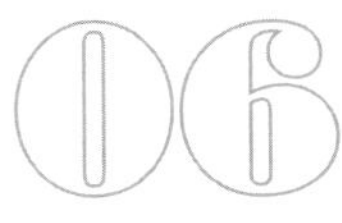

좋아하는 일을 하며 나이 들기

누구나 이 세상을 즐겁고 행복하게 살기를 원할 것이다. 나 또한 지금은 내가 가장 좋아하는 일만 하며 살 수 있다면 얼마나 좋을까 하는 생각뿐이다. 나는 싫어도 먹고살아야 하니 일을 하는 경우가 대부분이었다. 행복하게 일한 기억이 별로 없다, 그런데 이제는 그렇게 살기 싫어졌다. 진정으로 이제는 나의 길을 찾고 싶다.

중학교 때인가, 나는 크게 아팠던 적이 있다. 어머니는 동네 아줌마와 함께 나를 데리고 용하다는 병원을 찾아갔다. 어디가 아픈 건지 크게 병명도 필요

없고 그저 푹 쉬게 하고 책을 많이 보라고만 하셨다. 다소 황당한 처방이었다. 할 수 있다면 깊은 절에 들어가서 책을 보는 것도 나쁘지 않다고 하셨다. 시골에서 일만 하시던 어머니는 그 말을 받아들이기 어려웠다.

지금 생각하니 사춘기를 심하게 앓아 병이 났던 것 같다. 워낙 예민하고 책 보기를 좋아하던 시절이었지만 채워지지 않는 나만의 욕구가 나를 병이 나게 했던 것이다. 그 시절이 지난 뒤에도 나는 항상 갈구하고 있었다. 진정 내가 하고 싶은 게 무엇인지 모르고 생활인으로 세상을 살았다. 늘 가슴속에 뜨거운 열정이 있었지만 풀어 낼 줄도, 녹여 낼 방법도 몰랐다.

그래서 찾던 중 〈한책협〉에 오게 되었다. 『150억 부자의 추월차선』을 보고 김도사님의 전화번호를 메모해두었다. 그런데 전화를 할 용기는 나지 않았다. 이렇게 바쁘고 대단한 분에게 전화를 한다는 것이 엄두도 안 나거니와 나 같은 사람 전화를 받아 줄 리가 없다는 생각이 들어서였다. 그래서 인터넷을 찾아 카페에 가입을 했다. 내가 처음으로 살고 싶어 하는 방향으로 돛을 올린 것이다.

나에게는 고등학교 때부터 아주 친한 친구가 두 명 있다. 그 친구들은 바쁘면 자주 만나지는 못해도 언제나 어느 곳에서나 생각나는 형제 같은 친구들이다. 나는 부도가 나고 한동안 친구들과 연락을 끊고 지냈다. 그게 거의 10

여 년의 세월이었다. 어느 정도 수습하고 조금 안정된 다음 찾아보니 그렇게 세월이 흐른 후였다. 그 친구들도 워낙 부지런한 사람들이었기에 어떤 모습을 하고 있을지 내심 기대가 되었다.

옛날 전화번호로 하니 친구가 받았다. 목소리는 예전 그대로였다. 그 친구도 내 목소리를 금방 알아들었다. 스스로 문을 닫고 연락을 끊고 지낸 날들이 미안했다. 내가 어느 정도 살 만해지면 연락하겠다며 모든 사람과 심지어 형제들과도 연락을 끊고 지낸 터였다. 서로 목이 메어 말을 못했다.

한 친구는 귀가 안 들려 카톡으로 연락하자고 했다. 아직 그 집에 살고 있으니 찾아오라고 했다. 갑작스러운 말에 난 단숨에 집으로 찾아갔다. 그렇게 활기차던 친구였기에 집에 그렇게 있으리라곤 생각도 못한 일이었다. 대단한 사업가가 되었거나 좋은 직장에서 본인을 기량을 맘껏 뽐내고 있으리라 생각했다. 그 친구는 너무 우울해서 죽고 싶다고 했다. 일하는 나를 보니 너무 부럽다며 본인은 무슨 죄를 지었는지 사람들을 만날 수도 없고 집에 있는 일과 수영장 갔다 오는 일 외에는 아무 일도 할 수 없다고 하소연했다. 아직 어머니는 살아 계신다고 늘 네 얘기를 하신다며 반가워했다.

난 그날 충격을 받았다. 그 시간 동안 엄청난 변화가 있을 거라 기대했는데 건강은 그 친구를 그저 평범한 아줌마로 만들어버렸다. 늘 발전하고자 노력하며 늦은 나이에 대학에 들어가 자아를 찾고자 노력했던 친구였다. 나는 먹고살기 바빴지만 친구들은 엄청나게 변했을 것이라고 기대했던 나는 안타까운 마음만 가득 안고 돌아왔다.

이제는 내 나이를 인정해야 할 때이구나 싶었다. 벌써 건강상의 이유로 모든 일이 제약을 받을 나이가 되었다니 나는 한동안 믿겨지지 않았다. 나는 그 때에 내가 생활 형편이 좋아진다면 반드시 내가 하고 싶은 일을 하며 살 것이라고 생각하고 있었다. 나는 마음이 급해지기 시작했다. 나이 들어 하는 일 없이 늙어가고 싶지 않았다. 나는 백세 시대에 앞으로 남은 50년을 내가 어떻게 하면 잘 살 수 있는지 늘 고민하고 있었다.

언젠가 TV에서 한 중년 여인의 인터뷰를 본 적이 있다. 어느 날 갑자기 자기 자신이 좋아하는 일이 무엇인지 생각하기 시작했다며 봉사하는 일도 좋고 사회에서 의미 있는 일을 하는 것도 좋지만 언제부터인가 자신의 내면을 채우고 싶어졌다고 했다. 자신이 무엇을 하고 싶었는지 생각해보니 철학 공부가 하고 싶었단다. 그래서 시작했는데 너무 재미있고 행복하다며 활짝 웃는 것을 보았다.

친구가 언제부터인지는 몰라도 삶의 목표를 잃고 우울해진 모습을 보니 나도 우울했다. 친구는 만나면 우울해서 힘들다는 말을 했다. 남편은 무관심하고 애들은 다 커서 말할 시간도 없다며 살아가는 목표를 상실하고 힘겨운 시간을 보내는 친구를 보니 나도 한동안은 같이 심란해졌다.

얼마 전 친구는 수술을 했다. 여러 가지 방법을 써도 안 되는 줄 알고 포기하고 있었는데 귀에 기계를 심었다. 회복 후에 만난 친구는 신이 났다. 이렇게 음악도 듣고 목소리도 들으니 살아 있다는 느낌이 든다며 들뜬 모습이었다. 이제는 본인이 하고 싶은 일을 해보겠다며 오랜만에 웃음을 보였다. 친구를 보니 건강을 상실하고 삶의 의미를 잃는다는 것이 얼마나 큰일인지 알게 되었다. 지금은 주식 투자를 하고 공부를 병행하고 있다며 목소리에 활기가 넘친다. 나도 덩달아 너무 기분이 좋았다.

더 늦기 전에 나는 내가 진정으로 좋아하는 일을 하며 살고 싶다. 나를 위해서 나만을 위한 나만의 세계를 구축하고 싶다. 그래서 택한 것이 책 쓰기인 것이다. 나이 들면 가슴속에 맺혀 있는 모든 것을 풀어 내야 한다. 힘들고 고단했던 지난날도 아름다운 추억으로 간직할 수 있게끔 풀어 내고 싶다. 이제는 저절로 웃음이 나는 나만의 세계를 만들고 싶다. 지난 추억도 많지만 앞으로는 최대한 따뜻하고 아름다운 추억을 많이 만들고 싶다.

내 사무실을 마련하여 한가롭게 차도 마시고 책도 읽고 싶다. 아름다운 햇살이 넘치는 곳에서 창밖을 내다보며 뛰어 노는 손주들을 바라보며 웃음 짓는 아름다운 할머니로 나이 들어가고 싶다. 가끔씩 친구들이 찾아오면 하하 호호 웃으며 지난날을 추억하며 멋진 친구로 살고 싶다. 그렇게 되기 위해 나는 작가가 되고 싶다. 예전에 한동안 박완서 작가를 너무 좋아했었다. 어쩌면 그렇게 그림 그리듯이 글을 쓸 수 있는지 놀라웠다. 글을 읽으면 그 장면이 나의 머릿속에서 살아서 움직이는 영화의 한 장면처럼 생생하게 보였다. 머릿속에서 떠나질 않았다. 한동안은 그런 작가가 되고 싶었다. 그런 작가는 한 세기에 한 명이라도 나올까 말까한 대작가인데 나는 감히 그런 작가가 되고 싶었다.

그러나 나는 그런 뛰어난 문장력이 있거나 문학적인 소질이 있는 사람이 아니라는 것을 이내 알게 되었다. 그저 평범하게 일기 정도나 쓰고 가끔은 막막한 인생길에 한탄이나 쏟아 낼 정도의 문장력이 내게 허락된 한계였다. 그러나 그저 쓰고 싶다는 열망은 나를 그저 늙어가게 내버려두지 않는다. 이제는 나는 더 이상 물러서지 않겠다는 의지가 불타오른다. 진짜 작가로 거듭나고 싶다. 없는 문장력이라도 갈고 닦으면 언젠가는 〈한책협〉의 김도사님처럼 좋은 문장력을 갖게 될 것이고 사람들에게 살아가는 데 도움이 되는 글을 쓰게 될 것이라고 믿는다.

이제는 주위를 그저 지나치지 않는다. 무엇이든 유심히 보게 되었다. 저 사람은 어떤 사람일까? 어떤 생각을 가지고 세상을 살아갈까? 모든 게 궁금해진다. 예전에는 내가 무엇을 해야 하는지, 어떻게 살아가야 하는지 해답을 몰랐다면 이제 이 나이에는 확실히 알게 된 것이다. 내가 좋아하는 일을 하고 산다면 얼마나 행복할까? 생각만 해도 신이 난다.

아무리 힘든 일이 생겨도 이겨낼 힘이 생겼다. 내가 좋아하는 일을 하며 나이 들 수 있는 길을 찾았기 때문이다. 이제는 내가 좋아하는 일을 하며 나이를 먹어 갈 것이다.

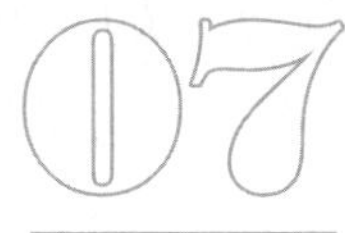

소중한 사람들과 크루즈 여행하기

나는 예전에는 크루즈 여행에 대해 별로 생각해본 적이 없다. 몇 년 전에 베트남 여행을 갔을 때 바다 위에 여유 있게 떠 있는 커다란 배가 크루즈선이라는 설명을 듣고 저런 배 타면 참 좋겠다는 게 전부였다고, 그만큼 관심이 없었다. 그런데 얼마 전 유튜브를 보게 되었다. 권마담 님의 유튜브를 보고 크루즈에 대한 열망이 생기기 시작했다. 나만이 아니라 나의 형제들과 함께 크루즈 여행을 꼭 해보고 싶다.

나는 언니와 오빠들이 다섯이다. 나에게 형제들은 특별하다. 막내라고 사랑과 정성으로 보살펴주었다. 특별한 사랑을 받고 자랐다. 나에게 형제들은 누가 뭐라 하든 소중한 존재들이다. 오빠들은 누구랄 것도 없이 나에게 막내라고 사랑을 주었다. 하나뿐인 언니는 하나뿐인 동생이라고 더 특별하게 나를 생각한다. 그런 언니가 요즘은 병을 달고 산다. 다리가 아파 병원에 입원했다가 허리가 아파 시술하더니 엊그제는 위에 혹이 생겨 수술을 했다.

입원하기 전날 언니는 나에게 자신은 왜 이리 복이 없냐며 한탄을 했다. 나는 전혀 몰랐던 어린 시절 얘기를 했다. 둘이 웃다가 울다가 한바탕 추억 얘기를 했다. 갑자기 옛날 생각이 났다. 아침에 일어나니 언니가 없어졌다며 어머니가 울고불고 난리를 쳤다. 편지 한 장 달랑 써놓고 없어진 언니를 어머니 아버지는 찾을 길이 없었다. 그 시절은 요즘과 달라서 어디에나 알아보거나 연락 방법도 없어서 돌아올 때만 기다릴 수밖에 없었다. 언니는 한참을 지난 후에야 돌아왔다. 날 업어 키우던 언니가 없어지자 갑자기 벌판에 버려진 기분이었다. 그렇게 없어진 언니를 그리워하고 그리워하다가 잠이 들곤 했다.

그런데 그때의 이야기를 어머니는 입원하기 전날 나에게 들려주었다. 언니는 어릴 적 일이 너무 많아 죽을 것 같아 집에서 도망을 쳤다고 했다. 매일 학교에서 돌아오면 어머니는 들에서 일하느라 없고 모든 일이 언니 차지였다. 집안 청소부터 빨래, 밥까지 모두 언니 몫이었다. 언니는 작정을 하고 마루에 있던 대감 항아리에서 쌀을 한 자루를 펐다. 그리고 머리에 이고 동네 앞밭을 가로질러 밤에 야반도주를 했다. 머리에 이고 간 쌀을 팔아서 차비를 마련한 언니는 그길로 서울로 올라갔다.

언니는 사실은 가수가 되고 싶어서 이름을 들어 본 듯한 유명 작곡가에게 편지를 써서 보냈더니 더 열심히 공부하고 더 큰 다음에 오라는 답장을 받았다는 놀라운 사실도 얘기해주었다. 언니는 그길로 남의 집 살이로 2년 동안 죽어라고 돈을 모았다고 했다. 그리고 그 당시 유명한 라사라 복장에서 일을 배웠다. 그 기술로 봉제공장에서 기술자로 일하며 자리잡게 되자 집에 돌아왔다. 식구들 옷이며 시골에서 보기 힘든 건 모두 언니가 사들였다.

그 후 아버지가 위중해지자 아버지가 돌아가시기 전에 결혼해야 한다고 급하게 결혼식을 올렸다. 어머니와 오빠의 성화를 이기지 못한 언니는 생각할 겨를도 없이 결혼을 했다. 다행히 형부는 너무 착했다. 그러나 생활력이 약한 형부 대신 언니는 생활을 책임지고 평생 식당을 운영해왔다. 이제 살 만해지니 온몸이 병이 들었다며 한탄을 했다.

나에게 언니는 어머니나 다름없다. 내가 결혼하면서 옆에서 보살펴주고 음식이며 모든 살림을 도맡아 해주다시피 했다. 아이들이 어렸을 때는 언니는 우리 애들도 나 대신 업고 다녔다. 김치며 음식도 언니의 몫이었다. 이 나이 먹도록 김장해본 것이 손가락 안에 셀 정도이다. 그런 언니가 아프니 걱정이 되어 잠이 오지 않는다. 그래서 나는 언니에게 꼭 크루즈 여행을 시켜주고 싶다. 나는 언니가 업어 키워준 보답을 천만분의 일이라도 갚고 싶은 마음이다.

재작년쯤 언니와 우리 남매들은 제주도 여행길에 올랐다. 일만 하느라 여행 한 번 못한 언니를 위해 둘째 오빠가 주선을 했다. 야무지고 지혜로운 올케를 만난 둘째 오빠는 형제들에게도 신경을 가장 많이 쓴다. 살뜰하게 챙긴다. 제주도 한번 못 간 사람은 나밖에 없을 거라는 푸념 소리를 흘려듣지 않고 있다가 형제들 모두에게 제주도 여행을 선물했다. 소소한 커피 값조차도 쓰지 못하게 하며 형제들을 챙겼다. 즐거워하는 언니와 형제들을 보며 우리도 모두 행복한 시간을 보냈다. 나는 그때 나도 이다음에 형제들과 같이 여행을 하겠다고 다짐을 했다.

우리 형제들은 같이 여행을 해본 게 처음이었다. 동네에서는 우애 있는 집안이라고 부러워했지만 같이 여행을 한다는 것은 쉽지 않은 일이었다. 나이가 모두 지긋한 노년에 들어선 형제들이 모여 서로 평소에 못한 이야기를 하며 찬찬히 살아온 날을 회상하는 것도 꽤 재미가 있었다. 부모님을 그리워하며 아쉬워하는 것도 의미 있는 시간이었다.

난 꼭 크루즈 여행을 형제들과 같이 하고 싶다. 자꾸 나이가 들어가는 오빠들과 언니들이 더 나이 들기 전에 여행을 하고 싶다. 예전에 어른들이 하셨던 말이 생각난다. "노세 노세 젊어서 놀아 늙어지면 못 노나니." 구경 다니다 힘들면 벤치에 앉아 어쩜 그 말이 딱 맞는 말이라며 웃었다. 옛날부터 내려오는 어른들의 말씀은 틀린 게 없다. 누구라도 떠날 수 있는 나이가 되어 간다. 한 사람이라도 건강할 때 이곳저곳 여행을 다니고 싶다. 막내인 내가 오빠 언니들에게 은혜를 갚을 수 있는 하나의 방법이라고 생각한다. 그래서 간절히 소망한다.

"어머니, 또 크림빵 사셨어요?"

며느리는 알면서도 빙그레 웃으며 묻는다. 지금도 나는 마트에 가면 꼭 사오는 게 있다. 눈에 띄면 바구니에 주워 담는다. 크림빵이다. 언니는 크림빵을 좋아했다. 10원 하는 크림빵도 마음껏 먹을 수 없는 형편이었다. 언니는 돈이 생기면 마을 끝에 있는 가게에서 크림빵을 사왔다. 둘이서 몰래 크림빵 하나를 아껴가며 먹었다. 반을 나누어서 크림을 조금씩 먹고 나머지는 아주 조금씩 한참을 먹었다. 그 시간이 너무 행복했다. 그래서 나는 지금도 어떤 빵보다 추억의 크림빵이 맛이 있다.

우리 큰올케는 내가 6학년 때 시집을 왔다. 결혼하면서 집안의 온갖 일을 도맡아야 했다. 아침이면 도시락을 6개씩이나 싸면서 시동생들 뒷바라지를 했다. 어머니의 고된 시집살이를 견디어 낸 여장부였다. 많은 시동생과 시누이가 모두 안정된 생활을 할 수 있도록 했다. 이제는 허리며 다리가 아파 예전 어머니 모습이 보이기도 한다.

둘째 올케는 지혜롭고 야무지게 오빠의 뒷바라지를 하여 오빠를 부자의 반열에 올려놓았다. 동생들의 등록금, 결혼 자금 등 경조사는 둘째 오빠의 몫이었다. 불평 한마디 없이 늘 먼저 나서서 해결을 했다. 어머니는 늘 미안해 하셨다.

막내 올케는 나보다 나이가 어리지만 언제나 부지런하고 모든 일에 앞장선다. 꾀를 부리거나 하지 않고 늘 솔선수범하며 가족들의 사랑을 받았다. 지금은 사업 실패로 어려움을 겪는 넷째 내외도 빨리 안정되어 돌아오면 꼭 같이 여행을 하고 싶다. 하와이에 있는 셋째 오빠와도 같이 갈 수 있기를 고대한다.

모든 오빠들이 나에게는 소중한 사람들이다. 그들에게 내가 크루즈 여행을 선물할 수 있다면 그것처럼 행복한 일이 있을까. 크루즈 여행을 가기 위해 나는 더 열심히 공부하고 준비를 하려고 한다. 크루즈에 대해 철저히 조사도 하고 어디가 가장 좋은 곳인지 오빠 언니들이 좋아할 만한 여행지는 어디가 좋을지 나는 면밀히 조사하고 철저하게 준비를 하려고 한다. 내가 오빠 언니들의 시중도 들고 편안한 여행이 될 수 있도록 만반의 준비를 할 것이다. 그런 정성과 사랑만이 사랑받고 자란 내가 내 형제들에게 해줄 수 있는 최고의 선물이 될 것이기 때문이다.

난 오늘도 다시 힘을 내어본다. 코로나로 모두들 지금은 여행을 멈추고 있다. 그러나 나는 지금도 준비한다. 모든 상황이 좋아지면 반드시 크루즈 여행을 갈 것이다. 반드시.

4장.

삶의 목표는
즐겁고 유쾌하게
살아가는 것임을
기억하라

01

지나간 인생에 연연하지 마라

생각해보니 많은 일들이 지나갔다. 살아 보니 별거 아닌 날은 없었다. 힘들어서 죽는 게 더 나은 게 아닌가 하는 날들도 있었다. 하지만 지금 생각하니 모든 날이 다 특별한 날이었다.

몇 년 전 나는 〈눈이 부시게〉라는 드라마를 아주 재미있게 보았다. 그 시간을 놓치지 않기 위해 알람 설정까지 해놓은 열혈 시청자였다. 끝나는 날도 진한 감동으로 잠을 설쳤다. 그런데 또 한 번 나를 울컥하게 만든 것은 주인공인 김혜자 씨의 수상 소감이었다.

"내 삶은 때로는 불행했고, 때로는 행복했습니다. 삶이 한낱 꿈에 불과하다지만 그래도 살아서 좋았습니다. 새벽에 쨍한 차가운 공기, 꽃이 피기 전 부는 달큰한 바람, 해질 무렵 우러나오는 노을의 냄새, 어느 한 가지 눈부시지 않은 날이 없었습니다. 지금 삶이 힘든 당신, 당신은 이 모든 걸 매일 누릴 자격이 있습니다. 지금 삶이 힘든 당신, 이 세상에 태어난 이상 이 모든 걸 매일 누릴 자격이 있습니다. 후회만 가득한 과거와 불안하기만 한 미래 때문에 지금을 망치지 마세요. 오늘을 살아가세요. 눈이 부시게. 당신은 그럴 자격이 있습니다. 누군가의 어머니였고 딸이었고 그리고 나였을 그대들에게 이 말을 꼭 하고 싶었어요. 감사합니다."

나는 이불 속에 얼굴을 묻고 울었다. 드라마를 보면서 느꼈던 벅찬 감동이 몰려왔다.

그래, 나는 모든 걸 누릴 자격이 있는 사람이다. 지나간 세월이 안타까워도 나는 최선을 다해 열심히 살았다. 한순간도 소홀히 한 적이 없었다. 시련이 있어도 늘 극복하겠다는 의지로 이겨 냈다. 시련을 극복하는 사람에게는 희망과 성공이 있고 시련을 두려워하는 사람은 모든 걸 잃어버릴 수밖에 없다는 걸 알기에 나는 이겨 내기 위해 최선을 다했다. 즉 모든 걸 이겨 내기 위해 마음과 몸을 다해 세상을 살아 냈다. 이제는 지난 세월에 연연하지 않는다.

40, 50대는 눈 깜짝할 새 없이 지나갔다. 인생의 가장 어렵고 힘든 시기였다. 불이 나서 나의 40대를 재로 만들었다. 그때 내 젊은 시절과 부모님의 보호 아래 살던 좋은 시절이 끝나버렸다. 그것도 그때는 그저 쉽게 물러갈 지나가는 잠깐의 풍랑인 줄 알았다. 그러나 그 일은 우리의 삶을 끈질기게 물고 늘어졌다. 균열이 난 배에 조금씩 스며드는 물처럼 우리의 모든 것을 차츰 잠식해 갔다. 그러나 나는 아이들을 지켜 내야 했다. 그러기 위해 더 악착같이 버텼다. 아무도 나를 지켜줄 사람이 없다는 것도 그때 알았다.

내 친구 중에 ○○이는 남편의 친구와 결혼을 했다. 둘은 서울에 있는 내로라하는 대학을 졸업하고 서로 사랑하며 모두 부러워하는 신혼 시절을 보냈다. 그런데 아이가 장애를 가지고 태어났다. 부부 모임을 하며 자주 만났는데, 아이가 태어난지 7개월쯤에 장애아라는 것을 알게 되었다. 그러나 둘은 직장까지 옮겨가며 아이를 보살폈다. 온 정성을 다해 서울로, 용한 의사가 있는 곳은 다 찾아 다녔다.

3년쯤 지났을 때 모처럼 만난 우리는 깜짝 놀랐다. 아이는 몰라보게 좋아져 있었다. 나는 그때 알았다. 부모의 힘이 얼마나 대단한 것인지 알게 되었다. 몸의 반을 움직이지 못하던 아이였는데, 부모의 정성으로 혼자서도 걸을 수 있을 만큼 좋아져 있었다. 친구들은 모두 박수를 치면서 친구 부부를 축하해주었다. 그들 부부는 씩씩했다. 아이는 건강하게 잘 컸다. 학교도 잘 다니고 공부도 잘했다.

그랬던 친구였는데, 몇 년 전에 갑자기 친구가 간암으로 얼마 살 수 없을 거라며 남편을 찾아와 그동안 지난 이야기를 했다. 이런저런 사업을 하며 아이들 뒷바라지를 했는데 큰 식당을 오픈한 게 잘못되어서 택시 운전을 했다고 한다. 술 한 잔 못하던 친구였는데 과로가 원인이라고 했다.

남편이 있는 곳에 와서 쉬어도 되냐고 해서 당연히 와서 편히 지내라고 흔쾌하게 답을 해주었다. 그러나 얼마 지나지 않아 그 친구의 부고가 날아왔다. 남편은 너무 상심했다. 그저 와서 며칠이라도 있다 갔으면 했는데 갑자기 떠난 친구를 남편은 한참을 안타까워했다.

지금도 그들 부부가 가끔 생각나는 것은 한 번도 낙담하는 모습을 보이지 않았던 모습 때문이다. 아이를 매일같이 병원에 데리고 다니는 것이 얼마나 힘들었을까? 그러나 단 한 번도 내색을 하지 않았다. 부모이기에 가능한 일이었을 것이다. 둘이서 서로 붙잡고 운 일이 없었을까? 서로 아이에 대한 미안함에 마음이 아팠을 텐데 내색 않는 그들이 존경스럽기도 했다. 조금 더 보듬어주지 못한 미안함에 늘 마음 한 구석이 아프다.

친구 아내는 수원을 떠나서 이사를 가버렸다. 그녀는 지금도 두 아이를 키우느라 씩씩하고 용감하다. 자신은 지난 세월에 연연해하지 않는단다. 남은 인생을 살기 위해 더 열심히 살고 있다. 그렇게 열심히 지금 현재를 살고 있다.

우리 인생은 예전에는 장년기, 노년기였다고 한다. 그러나 지금은 청년기 장년기 노년기로 나눈다. 청년기는 60세까지이고 60세부터 75세까지 장년기이고 75세 이후가 노년기라 한다. 우리나라는 사실 65세부터 노년기로 분류해서 혜택을 주고 있다. 요즘은 그것을 다시 정해야 한다며 논의를 하고 있는 실정이다. 한창 일할 수 있는 나이를 노년으로 묶어 일자리뿐만 아니라 사회적으로도 일할 수 없는 분위기를 만들기 때문이다. 시골에 계신 70 되신 아버지가 노인정에 안 가시길래 물었더니 "형들이 때려." 하시더라는 우스운 소리도 있다. 그만큼 노인들이 많다는 뜻일 것이다.

요즘의 사회 현상을 보면 나이든 사람들은 설 자리를 주지 않는다. 젊은 사람들은 노인들한테 예의보다는 '틀딱'이니 '노친네'니 하며 비아냥거린다. 그동안 살아온 시절에 대한 예우는 찾아보기 어렵다. 그저 나이가 들었다는 이유로 배척당하기 일쑤이다. 노인들 또한 몸은 늙었지만 마음은 아직도 한창 때인지라 자신이 나이 들었음을 인정하지 않으려 한다.

아마도 이 세상에 늙고 싶은 사람은 없을 것이다. 하지만 인간은 누구나 늙는다. 내가 어렸을 때 나의 젊음을 부러워하며 늙어간 사람도 있었다. 그런 내가 지금은 젊은 친구를 부러워하는 처지가 되었다. 아니 젊은 사람을 보고 질투마저 느낀다는 게 솔직한 표현일 것이다. 젊을 때는 영원히 늙지 않을 줄 알았다. 언젠가는 나도 늙고 죽는다는 사실을 망각하고 살았다. 같이 근무하는 어린 친구들의 싱그러운 모습을 보면 나도 저런 때가 있었나 싶다.

얼마 전 동창 친구들을 오랜만에 만났다. 모여서 한참을 수다를 떨고 마지막에 사진을 찍자고 하니 모두가 고개를 절레절레 흔들며 이제는 사진 찍기가 싫다고 한다. 나도 몇 년 전부터 느끼던 터라 모두 동감하며 웃었다. 어느 날 들여다본 거울 속에 어머니 아버지의 얼굴이 보이기 시작했다. 사진만 찍으면 내가 생각했던 것보다 훨씬 늙어 보이는 내 모습이 당황스럽다. 같은 모임을 하며 주기적으로 만나는 언니도 이제는 제일 하기 싫은 게 사진 찍기라며 자신은 찍지 말라며 대놓고 말한다. 어디가나 예쁘다는 소리를 듣고 살던 언니가 나이 들어 늙어가는 모습을 받아들이기 싫어하는 것처럼 보였다.

이제는 지난 세월에 연연해 하지 말자. 어차피 올 늙음이라면 늙음을 공부해둘 필요가 있다. 누구에게나 신체적으로 정신적으로 닥쳐오는 변화를 준비할 필요가 있다. '나는 어떻게 늙어 갈 것인가.', '나는 어떻게 나이 들어가고 싶은가.' 계획을 세우는 것이다. 나는 요즘 내 노년의 삶을 설계하고 있다. 노인의 삶도 여러 가지 유형이 있다고 한다. 세상과 인연을 끊고 은둔하는 사람,

세상살이에 분노하며 남 탓만 하는 사람, 모든 게 내 탓이라고 자학하는 사람, 젊었을 때보다 더 열정적으로 사는 사람, 마지막으로 몸은 늙었지만 인격적으로 성숙하여 주변을 편안하게 하는 사람이 있다. 어떤 모습으로 늙어 갈지는 각자의 선택일 것이다. 가능하다면 아름답게 나이 들어간다면 좋을 것이다.

아름다운 노년의 모습을 만들기에는 자기 자신의 성찰과 미래 지향적인 변화에 달려 있다. 지나온 세월로 길어진 수명만큼의 세월을 살아갈 수는 없을 것이다. 이제는 내가 어떤 모습으로 남은 세월을 살아갈지를 젊었을 때부터 머릿속에 그리며 준비해야 한다.

이미 한 번 간 인생은 다시 오지 않는다. 무심히 흘려보낸 지난 시간이 너무 안타깝지만 이미 쏟아진 물이다. 지나간 인생에 연연하지 말고 이제는 남아 있는 내 인생을 아름답게 만들어가려고 한다. 곱게 나이 들어가자. 성숙한 인생을 만들자. 더 이상 지나간 인생에 연연하지 말자.

현실의 무게를 이겨라

"어머니 커피 드세요."

오늘도 아들은 컴퓨터 자판 앞에 앉아 있는 나에게 출근하기 전 커피를 내려 갖다 놓는다. 바쁜 출근 시간에 잊지 않고 가져다주는 커피가 미안하기도 하고 고맙기도 하다. 어느새 세 아이의 아빠가 되어버린 아들이 안타깝고 대견하기도 하다. 부도가 나면서 수습하느라 학교를 중퇴해서 난 늘 면목이 없다. 항상 미안해하는 나를 보고 아들과 딸은 언제까지 그럴 거냐며 이제는 잘살고 있으니 나보고 더 이상 걱정하지 말란다. 둘이서 작정한 듯 하는 말에 나는 그날 더 미안해서 잠을 설쳤다. 지금은 너무 잘살고 있는 아들과 딸이 고맙다.

열심히 일해도 본인이 원하는 만큼의 보수와 대우를 받을 수 없는 아들은 늘 이직이 잦았다. 본인은 차라리 막일이라도 해서 수입을 늘려보겠다고 나서지만 한 번 부상을 겪어 질겁한 나는 더 이상은 안 된다며 말렸다. 내 눈치를 보다가 이제는 조그만 벤처 기업에 다닌다. 하고 싶은 공부를 맘껏 하게 뒷바라지 못한 아들이 늘 안타깝고 미안하다. 지금이라도 공부하라며 닦달을 하고 책 읽으라고 채근하지만 집에 오면 아이들 셋과 놀아주기도 바쁘니 쉽지 않아 한다. 늘 내 마음속의 숙제이다.

자식이 어릴 때는 부모가 보호자이고 자식이 크면 부모의 보호자가 된다는 말이 너무 공감이 간다. 이제는 아들이 일일이 나를 보호하고 챙긴다. 그전에는 내가 아들을 태우고 다녔지만 지금은 아들이 운전하는 차를 타는 게 당연하고 편하다. 이제는 사소한 것까지 챙기는 아들이 성가시다가도 웃음이 난다. 그만 먹겠다는 음식도 한 입만 더 먹으라고 권하는 아들의 억지가 나쁘지 않다. 마음이 따뜻해지기도 한다.

사람들은 왜 아들과 같이 사냐며 의아해한다. 하지만 나는 아들 내외와 손주들과 함께 사는 게 나쁘지 않다. 며느리한테는 미안한 생각이 들어 이제

몇 년 후는 내가 독립을 하려고 한다. 아들과 며느리는 절대 안 된다고 하지만 편하게 혼자 살려고 한다. 아직 내가 돌봐줘야 한다는 생각이지만 며느리도 아이들 모두 어린이집과 학교에 보내고 안정된 생활을 하게 되면 나도 독립하려고 한다.

부모는 자식이 편안해야 자신도 편안한 생활을 할 수 있을 것이다. 언니는 힘든 식당일을 하면서도 꼭 해야 하는 일을 손에 꼽았다. 자식들이 안정되게 집을 사주는 일이었다. 결혼해 만 원짜리 단칸방에서 시작한 언니는 참으로 모진 세월을 견뎌야 했다. 누구 하나 도와줄 이 없는 세상에서 오로지 억척스럽게 버텼다. 새벽부터 쉬지 않고 일해서 드디어 수원에 집을 사주었다. 언니는 이제야 맘 놓고 산다며 기뻐했다. 그 모습을 보는 나도 '아, 이런 게 부모의 마음이구나.' 했다.

혹자들은 부모가 그럴 필요가 없다고 말한다. 자식 인생은 자식이 알아서 해야 한다고 말한다. 하지만 자식이 어려움에 처하면 모른 척할 수 있는 사람은 없을 것이다. 부모와 자식은 유기적으로 결합된 존재이기 때문에 어느 한쪽이라도 균형을 잃으면 안 된다. 나도 예전에는 생각도 하지 못했던 마음의 변화가 생기는 것 또한 사실이다. 자식이 안정되게 사는 모습을 보아야 안심하고 세상을 살 수 있다는 생각이다.

우리 시아버님은 이북에서 월남을 하셨다. 아버님의 소원도 자식들 집 한 채씩 사주는 것이었다. 부모 형제 없이 홀로 넘어 오셔서 모진 세월을 견디시면서 결심한 것이 반드시 집은 있어야 한다는 것이었다. 세상살이에 아이들이 많으면 안 되고 맘껏 뛰어 놀지 못하는 자식들을 보니 오로지 집만은 있어야 한다며 절약하고 또 절약했다. 그래서 어머님과 사이가 나빠지셨지만 아버님은 절대 고집을 꺾지 않으셨다. 그 결과 삼남매에게 모두 집을 사주셨다. 커피 한 잔, 물도 필요한 만큼만 한 잔이 필요하면 딱 한 잔만 끓이시는 철저한 절약 덕분이었다.

그렇게 나는 시아버님의 따뜻한 도움을 받고 출발을 했다. 그렇게 부모님의 사랑을 받은 나는 아들에게 사랑을 베풀고 싶다. 아들이 내 짐이 된다고 해서 모른 척할 수는 없다. 다른 사람들은 다 큰아들의 손주들까지 뒤치다꺼리 한다고 노후는 어쩔 거냐며 나를 한심한 듯 바라보아도 나는 지금의 현실을 부정하지 않는다. 시아버님이 나에게 베풀어주신 사랑을 나는 또 내 자식에게로 이양하고 있다고 생각한다. 그러면 그게 또 내 자식은 그 자식에게로 열심히 사는 모습을 보여주고 자식들이 안정된 삶을 살 수 있도록 도와줄 것이다.

나는 유명한 사람도 아니다. 그저 지극히 평범하며 생활에 허덕이는 소시민이다. 많이 배운 학식 있고 덕망이 높은 사람도 아니다. 지나고 보니 나도 더 많이 배웠더라면 얼마나 좋았을까, 나도 저 사람처럼 유명한 사람이라면 얼마나 좋았을까, 저 사람처럼 유능한 사람이라면 얼마나 좋을까 하는 생각이 든다. 내가 하는 이야기를 누가 들어줄까 하는 두려움이 있는 것도 사실이다.

언젠가 내가 글을 쓰고 싶다고 하니 옆에 듣고 있던 친구가 "언니가? 무엇으로 글을 쓸 건데? 크게 성공한 게 있어야지." 나는 그 말을 듣고 마음속으로 크게 낙담을 했다. 정말 나는 크게 성공을 한 것도, 돈을 많이 번 것도 아닌데 무엇을 가지고 쓰고 싶다 했는지, 철없는 어른처럼 느껴졌다. 그래서 한동안 의기소침하고 우울하게 지냈다.

하지만 나는 내 조건에서 현실의 벽을 이겨내기로 했다. 이미 50년을 살아온 인생이니 내가 바꿀 수 있는 것은 다가올 50년이라는 생각이 머리를 스쳤다. 내가 선택하고 태어난 것도 아니고 주어진 환경에서 열심히 순응하며 살았다. 그래서 별명이 '순둥이'였고 착한 아내, 착한 며느리였다. 이제는 내가 나를 극복하기로 했다. 용기를 냈다. 이대로 늙어간다는 것은 상상하기도 싫었다.

손주가 다섯인 나는 할머니이고 이미 늙어버린 외적인 변화는 어쩔 수 없으리라. 하지만 정신적인 나약함부터 고쳐야 했다. 나는 늙지 않았다고 마음을 다져 먹었다. 어디선가 본 듯하다. 나이든 사람들에게 살아오면서 일생 동안 가장 후회되는 일이 무엇인지 질문을 했더니 첫 번째가 내 마음대로 하고 살지 못한 것을 가장 후회한다는 통계였다고 한다. 바꿔 말하면 그동안 원하지 않는 삶을 살았다는 뜻이 된단다. 본인이 진정으로 행복한 삶을 살지 못했다는 말도 된다.

나는 한동안 주변 사람들에게 하고 싶은 것은 무조건 하면서 살아야 한다고 했었다. 내 나이가 갑자기 많게 느껴져서 살아온 세월에 회한이 들었을 때였다. 아이들에게도 무조건 하고 싶은 것은 다 해보라고 권했다. 지나고 보니 하고 싶은 것도 못하고 지나간 세월에 대한 억울한 마음이 컸다. 머리 색깔도 빨갛게 해보았다. 그러나 나이가 들어 맘대로 살지 못했다고 생각하는 것은 삶에 대한 후회보다 아쉬움이 컸다는 것을 알게 되었다. 매 순간마다 내린 나의 선택이 쌓여서 내 인생을 만들었고 나는 좀 더 나은 선택을 했다면 내 인생이 달라지지 않았을까하는 아쉬움이 컸었다.

그래서 나는 내 현실의 무게를 이겨 내고 달라지는 내 인생을 만들어가기로 했다. 지난 삶을 돌이켜보면 내가 미래에 어떤 삶을 살겠다는 작정을 하고 의식적으로 노력해온 적이 없었다. 오죽하면 2010년이 내 인생에는 없을 거라는 생각으로 그 후에 대한 인생 플랜이 없었을까. 그저 흘러가는 세월에 기대어 왔었다. 그런데 이제는 새로운 희망을 가지고 나 자신을 바꾸기로 했다.

좋은 생각이 좋은 행동을 좋은 삶을 만든다고 들었다. 비록 지금 내가 꾸는 꿈이 이룰 수 없는 꿈이라도 나는 간절한 마음으로 이루어내기 위해 노력할 것이다.

내가 간절히 바란다면 그 꿈이 구체화되고 현실화 될 거라는 확신을 갖는다. 지금은 비록 현실적인 장애물이 너무 많다. 나이도 많다. 아직은 경제적으로도 완벽하지 않다. 생활도 책임져야 한다. 크게 아픈 곳은 없지만 늘 경계점에 있는 건강도 장애물이다. 하지만 이 모든 장애물을 넘어서 이겨내면 내가 비로소 원하는 것을 갖게 될 것이라고 생각한다. 그래서 나는 지금의 현실의 무게를 반드시 이겨낼 것이다.

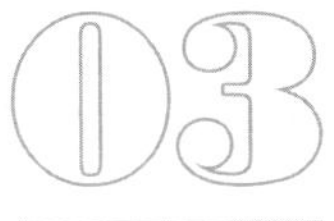

좌절도 비참함도 이겨내라

살아가면서 실패 한 번 겪어보지 않은 사람은 없을 것이다. 나 또한 인생의 커다란 실패를 겪어 보았다. 그저 평범한 사람으로 하루하루를 살다가 예기치 못한 일로 인생이 송두리째 바뀌는 경험을 했다.

화재는 살아가면서 누구나 겪을 수 있는 일이긴 해도 누구에게나 일어나는 흔한 일은 아닐 것이다. 불이 나는 재앙을 겪어본 사람이 아니고서는 아무도 그 처참함을 모를 것이다. 5년간 피 땀 흘리며 일구어온 삶의 터전이 재가 되는 광경을 겪은 나는 처음에는 망연자실했다. 며칠 후부터는 실없는 웃음이 나왔다. 그때 든 생각은 '인생, 참 별거 아니네.'였다. '과연 인생을 열심히 살아야 하나? 이렇게 순식간에 재가 되는데? 내가 왜 이런 일을 겪어야 하지?' 이런 물음들이 나를 괴롭혔다.

양가 부모님의 도움으로 비교적 순탄했던 생활이 벼랑 끝으로 몰리기 시작했다. 내가 겪을 수 있는 한계가 어디까지인지 모를 정도의 고달픔이 다가왔다. 그래도 희망의 끈을 놓지는 않았다. 아이들 때문에 반드시 일어서리라고 다짐하고 또 다짐하며 살고 있었다.

"언니, 안녕하세요? 저 누구 어머니예요."

난 그때 위안이 필요했다. 모든 형제들과도 연락을 끊고 지내던 터라 외롭고 힘들었다. 내가 살던 곳 가까이 사는 이웃집 언니가 생각이 났다. 그 언니는 형부가 사고로 일찍 돌아가셨다. 어머니는 아이들과 고생하는 언니를 집 근처에 큰 회사에 소개해주었다. 언니는 몇 년을 우리 집에서 함께 살았다. 어머니와 큰올케는 언니를 살뜰히 보살폈다. 언니는 몇 년 후 아이들을 데리고 집을 사서 독립했다. 이웃집 언니는 성품도 좋고 푸근한 언니였다.

마침 이사 간 곳은 그 언니의 집이 보이는 곳이라 나는 괜히 반가운 마음이 들었다. 어린 시절 때로는 같은 방에서 자고 이런저런 집안 이야기며 우리 집안의 모든 사정을 알고 있는 언니였다. 나는 외롭고 힘든 처지를 털어놓고 위안 받을 수 있지 않을까 하는 막연한 기대를 갖고 전화를 했다. 힘든 처지의 나를 딱하고 안쓰럽게 여겨 위로해주는 상상을 하며 전화를 했다.

"왜 나한테 전화했니?"

언니의 퉁명스런 말투에 순간, 나는 말문이 막혔다. 잘못 전화했구나 싶었다. 왜 전화했는지 도저히 생각이 나지 않았다. 눈앞에 보이는 언니 집에 놀러 가고 싶었다. 한순간 반갑게 맞아주는 언니를 상상했었다. '지금은 살기가 어려워진 옛 이웃집 동생을 살갑게 맞아 주겠지? 지금의 나를 얼마나 안쓰러워할까?' 하고 예전의 따뜻했던 언니를 상상하며 전화를 했다. 나는 "아, 예 그냥 뭐 생각나서…." 얼버무리며 전화를 끊었다.

전화를 끊고 나는 한참을 울었다. 가장 참담한 시간이었다. 경제적인 도움을 바란 것도 아니었다. 경제적인 도움을 원했다면 내 형제들에게 했을 것이다. 그저 내 형편을 잘 아는 사람의 위안이 필요했을 뿐이었다. 부도난 이웃집 동생이 부담스러울 거라는 생각을 왜 못했을까? 하긴 내 형제에겐 연락을 끊고 과거 이웃집이었던 언니에게 연락한 내가 한심스러웠다. 솔직한 심정은 반찬이라도 얻어다가 아이들에게 먹이고 싶었던 마음도 있었다. 그런 소소한 상상을 한 내가 우스워 울다가 깔깔거리며 웃었다. 지금도 그때 생각을 하면 눈물이 난다.

나는 미친 듯이 일했다. 주중에는 공장 다니며 일하고 주말에는 특근이 없으면 마트에 가서 일했다. 내가 생각해도 거의 미친 사람 같았다. 길가다 마주친 친구는 나를 알아보지 못하겠다며, 왜 이리 말랐냐며 나를 딱한 듯 바라봤다. 나는 독하게 마음먹었다. 이 비참함을 반드시 이겨내리라 다짐했다. 지금도 나는 그때 내가 중얼거리며 다녔던 말을 되뇐다. '나는 이대로 죽을 수 없어.'이다. '내가 이대로 쓰러지면 아이들은? 남편은? 어머님은?' 늘 이런 생각뿐이었다.

어느 날인가 아울렛에 주말 알바를 하러 가는 길이었다. 라디오에서 김난도 교수의 강연이 흘러나오고 있었다. 『아프니까 청춘이다』라는 책의 내용을 강연하고 있었다. 나는 차를 길가에 세웠다. 급히 펜을 꺼내 적었다. 인생에 너무 늦었거나, 혹은 이른 나이란 없다며 늦은 마음만 있다는 말이 나를 아프게 했다. 나는 사실 청춘은 아니었다. 하지만 아파하는 내 자신과 한치 앞을 알 수 없는 불안함이 내가 겪고 있는 상황과 너무도 닮아 있어 한마디 한마디가 나의 가슴에 파고들었다. 그러면서 시를 하나 읊어주었다.

"이것 또한 지나가리라. 즐거움과 행복, 괴로움과 슬픔, 또한 언젠가는 다 지나가리라."

나는 이 글귀를 적고는 한참을 눈을 감고 시트에 기대어 앉아 있었다. 말로는 형언할 수 없는 벅차오르는 감동이 느껴졌다. 그래 맞아, 다 지나가는 것이야. 지금의 이 고통, 이 불안한 마음, 이 괴로움, 다 지나가는 것일 뿐, 내 옆에서 영원히 나를 괴롭히지는 않을 거라는 희망이 생겼다. 그리고 그 글귀를 프로필 문구로 정했다.

'이 또한 지나가리라.'

끝없이 힘든 일들이 나를 괴롭혀도 나는 이 말 한마디로 다 이겨낼 수 있는 용기가 생겼다. 고통과 슬픔도 모두 부질없는 것이요, 모두 지나가는 바람처럼 느껴졌다. 아무도 지나가는 시간을 잡을 수는 없을 것이다.

그 후 나는 마음이 해탈한 사람처럼 평안해졌다. 시간이 지난 후 오빠를 만났을 때 내가 오히려 평안한 모습을 보이자 오빠는 이제 진짜 많이 달라졌구나 하면서 대견해하는 듯 가엾어 하는 듯한 미소를 보였다.

서산 대사의 〈해탈시〉라는 것을 우연히 보게 되었다. 그때 나에게 위안이 되고 힘이 되었다.

근심 걱정 없는 사람 누구인가.
출세하기 싫은 사람 누구인가.

시기 질투 없는 사람 누구이며

흉허물 없는 사람 어디 있겠나.

…

잠시 잠깐 다니러 온 세상

있고 없음을 편 가르지 말고

잘나고 못남을 평가하지 말고

얼기설기 어우러져 살다가 갑시다.

다 바람 같은 것입니다.

뭘 그리 고민 하나요.

만남의 기쁨이건 이별의 슬픔이건

다 한 순간입니다.

…

흐르는 세월을 붙잡는다고 안 가겠소.

그저 부질없는 욕심일 뿐

삶에 억눌려 허리 한 번 못 펴고

인생 계급장 이마에 붙이고

뭐 그리 잘났다고 남의 것 탐내시오.

훤한 대낮이 있으면 밤하늘도 있는 것

낮과 밤이 바뀐다고 뭐 다른 게 있겠소.

…

삶이란 한 조각구름이 일어남이오.

죽음이란 한 조각구름이 없어짐입니다.

구름이란 본시 실체가 없는 것

죽고 살고 오고감이 모두 그와 같습니다.

세상을 살다 보면 꽃길만 있는 것은 아닐 것이다. 난 마음먹기에 따라 세상이 천국이 될 수도 있고 지옥이 될 수도 있다는 것을 알게 되었다. 내 선택에 의해 행복해질 수도 있고 불행해질 수도 있다는 것도 알게 되었다.

세상은 변하고 사람도 변한다. 어제의 내가 오늘의 내가 아니듯 다른 사람도 변해가는 것을 이해 못한다면 오히려 나만 불행해진다는 것도 알게 되었다. 해는 어제와 같이 떠오르지만 햇빛은 어제의 햇빛이 아니고, 꽃은 같은 나무에서 피지만 날마다 다른 모습으로 핀다고 한다. 하물며 사람이야 오죽하랴. 그렇게 생각하니 마음이 한결 가벼워졌다. 아무리 어렵고 고통스러워도 세상은 변하고, 나 또한 변해갈 것이며, 이 좌절과 이 비참함도 다 지나갈 것이라는 생각이 들었다. 이 또한 지나가리라. 좌절과 비참함도 이겨내리라.

모든 것은 행복한 인생을 위한 과정이다

"할머니, 저 이빨 뽑아주세요."

큰손녀가 이를 흔들며 들어와서 나에게 이를 뽑아 달란다. 젖니가 빠지기 시작한 큰손녀는 나만 오기를 기다렸다가 실을 내밀었다. 첫 번째 이는 치과에 가서 뽑았는데 너무 무섭다며 다시는 안 갈 태세다. 두 번째 이가 너무 덜렁거려서 쉽게 뽑았더니 할머니가 안 아프게 이를 뽑는다며 꼭 나에게 뽑아 달라는 손녀가 귀엽기도 하고 안쓰럽다.

나는 쉰 넷에 갑자기 할머니가 되었다. 아들의 갑작스런 통고에 준비할 겨를이 없이 된 할머니였다. 당시에는 너무 갑작스럽고 아직 안정도 되지 않은 상태였지만 주변에서는 걱정과 함께 축하를 해주었다. 오래된 집이라 베란다 창틀이 벌어져서 겨울이면 황소바람이 들어왔다. 나와 남편은 그 추위에도 같이 버틸 수 있었으나 아이가 생기면 도저히 지내기 어렵다는 생각이 들었다. 수리비가 없어 걱정할 때 큰오빠는 잘 버텨준 동생이 대견했는지 집 수리비에 해당하는 금액을 주셨다. 생각지도 못한 일이었다. 집수리를 하고 무사히 결혼식도 치를 수 있었다. 그곳에서 태어난 손녀가 이제는 젖니가 빠지고 새로운 영구치가 나는 나이가 된 것이다. 쏜살같이 시간이 흘렀다. 아이가 태어난다는 것은 한 집안의 경사요 축복이다. 그런데 준비가 되어 있지 않았던 우리는 마냥 기뻐할 수도 축복할 수도 없었다.

그 당시에 나는 절망했었다. 누구도 성공한 삶, 좋은 삶만을 살 수는 없을 것이다. 하지만 한 가지 그 당시의 고통과 절망이 영원하지는 않을 거라는 생각은 하고 있었다. 인생에서 한 번의 실패가 영원한 실패를 뜻하지 않는다는 말을 들었다. 좋은 일과 나쁜 일도 영원하지 않을 거라는 생각을 했다. 그래서 그 절망을 이겨내려 부단히 노력했다. 지금도 그때를 생각하면 가슴속이 아릿해진다. 나는 좋은 기억으로 긍정적으로 생각하려 노력했다. 지금 생각하면 인생은 곳곳에 암초도 많다. 생각지 못한 복병도 만난다. 그렇지만 내가 포기하지 않는다면 또 살 만한 세상이라는 생각도 든다.

손녀가 태어나자 또 다른 행복이 다가왔다. 세상에는 음과 양이 있듯이 힘들고 어려운 일도 어떤 시선으로 바라보느냐에 따라서 달라진다는 말도 맞는 말일 것이다. 내가 할머니가 된다는 것은 인생에서 한 단계 올라선 것이라는 것도 알게 되었다. 아직 할머니가 되고 싶지 않았었지만 그건 잠시뿐이었다. 아이를 만나는 순간 기쁨과 서운함이 뒤섞인 미묘한 감정이 나를 혼란스럽게 했다. 하지만 그 감정은 이내 말로는 표현할 수 없는 신비로운 기분으로 나를 설레게 만들고 끝내는 '손주 바보'로 만들었다.

할머니의 자리는 내가 한 번도 겪어보지 못한 새로운 경험이었다. 누군가를 눈치 없는 할머니라고 핀잔하고 이해하지 못했던 일들이 맹목적인 사랑으로 둔갑하는데 이의를 달 수도 없었다. 내가 아이들을 키울 때는 혼내서 울어도 당연한 일이라 여겼는데 손주의 울음소리는 가슴을 에인다는 것도 알게 되었다. 아직은 아이들이 어려서 내가 무엇을 더 해줄 수 있을지는 알 수 없다. 하지만 나는 좋은 할머니로서의 자리는 지키고 싶다. 인생의 크고 작은 문제를 만나 걱정과 불안함에 싸여 있을 때 모든 것은 곧 지나간다며 다독여주고 싶다.

나와 친한 한 친구가 있다. 그도 어렵고 힘든 과정을 겪었다. 결혼을 해서 집들이를 갔는데 너무 좋은 집이었다. 수원의 시내에 그 당시에는 너무 잘 지어진 2층 양옥집이었다. 나는 그때에 얼마나 부러웠는지 잔디 깔린 넓은 마당과 진한 갈색 나무가 깔린 넓은 마룻바닥이며 테라스가 잊히지 않는다. 지금도 눈에 선하다. 시부모님은 1층에 살고 본인은 2층에 신혼살림을 차렸다. 넉넉한 형편에 모든 것이 부러워 보였다.

친구 남편은 좋은 대학도 나왔지만 자신이 사업을 해본다고 하여 부모님이 가지고 있던 건물에 사업장을 차렸다. 처음에는 모든 게 순조롭고 잘되어 가는 듯했다. 하지만 얼마 지나지 않아 사업이 어려워졌다. 고단하고 지친 일상이 계속되었고 부모님과도 불화가 생겼다. 결국 친구 남편은 택시 운전을 하다가 다른 여자와 바람이 나서 집을 나가버렸다.

당시에 그 친구의 절망은 상상 이상이었다. 가끔 들러서 이야기를 나누었다. 그래도 그 친구는 쉽게 포기하지 않았다. 그 친구는 항상 말했다.

"나는 아이 셋 어머니야. 난 절대 주저앉을 수 없어."

여기저기 일 다니며 아이들을 키웠다. 그때 나는 그 친구가 잘 이해가 되지 않았다. 남편도 없이 아이 셋을 돌본다는 게 쉽지 않은 일인데 너무 의연했기 때문이었다. 내가 해줄 수 있는 일은 하소연하는 친구 말을 들어주고 같이 밥 먹으며 위로해주는 일 외에는 할 게 없었다.

월세방에서 아이들과 셋이 같이 있다는 것만도 행복한 일이라고 했다. 보일러 기름이 떨어져서 추워서 덜덜 떨며 지내도 아이들이 있으니 견딜 만하다는 말에 나는 '역시 어머니구나.' 하며 친구를 응원했다.

그리고 한동안을 떨어져 지내던 남편이 돌아왔다. 얼마나 억울하고 힘들었을까? 만나면 투닥거리며 싸우는 듯하더니 이내 화해를 했다. 친구는 그래도 아이들에게는 아빠가 있어야 한다며 용서했다. 그 후로 친구 남편은 열심히 일했다. 원래 사업 수완도 있는 사람이었다. 이 일 저 일 하며 원래의 모습으로 되돌아왔다.

지금은 시부모님과도 화해를 하여 시부모님 집으로 들어가 연로하신 시어머니를 모시고 너무 잘 살고 있다. 이제는 전화를 해도 밝고 활기찬 친구 목소리가 기분 좋게 한다. 어렵고 힘든 고비를 잘 이겨 낸 그녀가 부럽기도 하고 자랑스럽기도 하다.

인생은 우리가 생각하는 것 이상으로 힘든 과정의 연속이다. 그러나 어떻게 이겨냈는가에 따라서 결과는 달라진다. 모든 일은 선택의 결과에 따라 운명도 달라진다. 나는 주변에 본인의 선택에 따라 달라지는 인생을 사는 사람들을 너무 많이 보았다.

내 친구 중에 한 친구는 인생의 굴곡을 겪고 사라진 친구도 있다. 학원 사업을 한다고 일을 크게 벌렸다가 큰 낭패를 보게 되었다. 그저 같이 하자는 친구의 말을 믿고 같이 뛰어 들었는데 결국은 빚더미만 떠안고 그만두게 되었다. 어떻게 해볼 수도 없이 순식간에 생긴 빚에 친구는 절망했다. 와이프는 처음부터 말렸지만 대기업 생활을 힘들어 하는 친구를 이기지 못하고 동의를 해주었다. 그런데 그게 그의 인생을 송두리째 흔들어 놓은 일이 되었다. 결국 와이프와도 헤어지게 되고 친구는 술로 지새다 지금은 연락조차 없다. 지금도 그 친구를 생각하면 마음이 아프다. 모두가 기대하던 친구였고 성격도 좋아 누구나 가깝게 지내던 친구였다. 힘들고 어려워도 잘 이겨 내고 자랑스럽게 돌아오길 기다려본다.

인생은 하루 아침에 완성되는 것은 아니다. 매일매일이 쌓여서 인생이 완성된다. 힘든 것도 지나쳐야 하고 굽이치는 파도도 넘겨야 한다. 그것이 모두 행복한 인생을 살기 위한 과정이다.

마음의 늙음을 경계하라

"인생은 흘러가는 것이 아니라 채워지는 것이다."라고 존 러스킨은 말했다. 우리는 어쩌면 하루 하루를 흘려보내는 것이 아니라 내가 가진 무엇인가로 채워간다는 뜻일 것이다.

나는 늘 살아오면서 내 인생이 불안하고 조바심이 났다. 이대로 늙어서 죽고 싶지 않아서였다. 어느덧 인생이 절반이 지났다고 생각하니 조바심이 나고 이렇게 살아도 되나 싶은 생각에 초조해지기 시작했다. 젊었을 때 더 열심히 살지 못한 것도 후회가 되고 다가올 미래에 대해서도 결단을 내려서 뭔가 하지 않으면 안 될 것 같은 초조함에 휩싸이기도 한다.

사람은 시간이 흐를수록 젊음을 잃어 간다. 그래서 모든 수단을 동원해 젊음을 유지하려고 별의별 수단을 다 동원한다. 우스운 소리로 요즘은 늙지 않기 위해 주름을 땡기다 보니 배꼽이 턱밑으로 올라와 있었다는 웃지 못할 이야기를 방송에서 들은 적이 있다. 요즘 세태를 비유해서 한 말이라서 웃으며 넘겼지만 '성형 공화국'이라는 말도 틀린 말이 아니라는 데는 누구라도 동감할 것이다. 사람들은 더 늙지 않기 위해 몸부림을 친다. 하지만 세상 만물은 태어나고 다시 쇠퇴하는 것을 반복하고 있다.

지금 사는 아파트로 이사 오고 아랫집 할머니께 인사를 드리러 내려갔다. 인테리어 공사를 하느라 미안하기도 하고 아이들이 많은 우리로서는 미리 인사를 드리고 잘 부탁한다는 양해를 구하고 싶은 마음이었다. 할머니 혼자 계셨다. 저희 집이 아무래도 애기들 때문에 시끄럽더라도 이해를 바란다며 최대한 조심을 시키겠다고 정중하게 인사를 하니 할머니께서는 아이들 키우는 집이니 당연하다며 걱정 말라고 안심을 시켜주셨다. 한눈에 뵙기에도 아주 미인형 얼굴에 기품이 있어 보이는 할머니셨다. 그 후 할머니는 암 수술을 하셔서 간병인이 모시고 다녔다.

이웃인 우리에게도 가족이 있는 것으로 말씀하셨지만 돌봐주는 사람이 없다는 것을 한눈에 알 수 있었다. 처음에는 찬찬히 다니시며 쓰레기 분리수거도 나오시고 회복되시는가 했더니 만날 때마다 다른 말씀을 하셨다. 혼자 계신 게 딱하지만 굳이 숨기시려는데 아는 체할 수가 없어서 그저 하시는 말씀만 듣고 있었다. 큰집에 할머니 혼자 계시는 것도 안타까웠다. 할머니는 아들이 독일로 출장 갔다가 이번 달에 돌아온다는 얘기를 늘 하셨다.

어느 날 갑자기 관리실에서 인터폰으로 호출이 왔다. 아랫집에서 책상 끄는 소리가 난다며 주의해 달라는 말이었다. 그때 모두 자려고 누워 있던 터라 갑자기 할머니가 걱정이 되었다. 다음날 1층에서 만난 할머니는 의자 끄는 소리가 너무 심해서 머리가 흔들린다며 하소연을 하셨다. 며느리는 저흰 그럴 일이 없다며 식탁 의자 다리도 두툼하게 싸매어서 조심하고 있다며 억울해 했다.

그러고 얼마 지나지 않아 할머니는 느닷없이 이래 봬도 내가 중 · 고등학교 선생을 했는데 몇 년 전 인테리어 공사하는 아저씨가 싸인 받으러 와서 글씨 모르는 사람 취급을 했다고 사람을 우습게 봤다며 어제 일처럼 말씀을 하셔서 심히 걱정이 되었다. 며느리는 할머니가 상태가 안 좋아지셨는지 우리 집 아이가 셋인 걸 분명히 알고 계셨는데 언제 셋을 낳았냐며 만날 때마다 다른 말씀을 하신다며 걱정을 했다. 처음 뵐 때는 연세는 많아도 건강해 보이셨는데 혼자 사시는 외로움에 마음까지 병이 나신 듯하다. 할머니는 갑자기 이사를 가셨다. 외국에 있다는 아들이 와서 집 정리를 하고 증세가 심해지니 요양원으로 모신 듯했다. 참으로 덧없다는 생각이 들었다.

세월에는 장사가 없으니 나 또한 그분처럼 늙어 갈 것이다. 지구도 온난화다, 남극 얼음이 녹아서 없어진다, 미세먼지다 해서 늙어가고 있으니 한낱 미물인 내가 늙어가는 것도 당연한 것 아닐까?

늙음을 바라보는 시각은 다양할 것이다. 모든 세상의 이치로 보나 개인적인 각자의 인생의 궤적에 따라 천차만별일 것이다. 늙음에 관한 지혜는 한두 가지가 아니다. 알려진 노화 이론만 해도 삼백오십 가지가 넘는다고 한다. 하지만 주변에서 보면 결국 늙는다는 것은 어쩌면 본인이 늙는 것이 아니라 다른 사람이 나를 늙은이로 만든다고 한다. 나는 아직 안 늙었다고 생각하는데 이제는 만나면 인사가 몸은 괜찮냐, 아픈 데는 없느냐, 물어보니 갑자기 늙은이가 된 것처럼 느낀다고 한다. 비교적 지금 나이보다는 한창때의 일이다.

모임에서 아줌마들끼리 저녁을 먹고 연말 송년회를 기념해서 나이트클럽을 가자는 말이 나왔다. 사십 중반을 넘긴 아줌마들이라 모두 호기로웠다. '있다' 하는 자부심을 가진 사람들이었다. 그런데 문 앞에 다가가자 문 앞을 지키던 청년이 이곳은 아주머니들이 올 곳이 아니라며 제지를 했다. 업장의 물을 흐린다는 것이었다. 우린 모두 경악을 했다. 모두 아니 우리 나이가 어때서 이런 곳도 못 올 데라는 것인가? 그날 우리는 호프집에 앉아 우리 나이가 벌써 다른 사람 눈에는 늙어 보인다는 사실을 받아들이기 어렵다며 한탄을 하다가 헤어졌다. 십오 년 전에 겪은 일이었다. 그때에도 그런 충격을 겪었던 내가 어느새 이런 나이가 되어보니 오히려 지금은 나이가 들어간다는 것이 하나도 두렵지 않다면 거짓일까? 그만큼 내 마음이 새로워진 나를 받아들이기 때문이라는 생각이 든다.

인생은 B(Birth)로 시작해서 D(Death)로 끝난다고 샤르트르는 말했다. 그의 말처럼 누구나 태어나는 순간부터 죽음을 향해 달려가고 있다. 그런데 다행인 것은 그사이에 C(Choice)가 있다는 것이다.

우리는 수많은 선택을 하면서 살아간다. 선택을 통해서 죽음을 후회 없고 기쁘게 맞을 수도 있고, 슬프게 맞이할 수도 있다. 선택은 우리 인생의 성공과 실패를 가름하기도 한다. 왜냐하면 선택은 이미 이전에 내린 작은 결정의 결과물이기 때문이다. 그래서 커다란 선택뿐만 아니라 소소한 선택도 늘 성실하고 올바른 태도로 판단해야 한다.

삶에는 여러 가지 선택이 있고 사람들마다 자신의 처지나 환경을 고려하여 매 순간마다 자신에게 맞는 선택을 할 것이다. 사람들은 누구나 심사숙고하여 최상의 선택을 하며 살고 있다. 그러나 가끔은 사람들은 잘못된 길을 가는 최악의 선택을 깨닫고 뒤늦게 후회하는 삶을 살기도 한다. 지금의 나도 결국은 어제까지 내가 내린 선택의 결과로 살고 있다는 데는 이견이 없다.

나는 마음이 늙음을 인정하고 싶지 않다, 그래서 더 노력하고 깨어 있으려 한다. 때로는 남편을 원망하고 아들에게 서운함을 느끼고 밤에는 알 수 없는 슬픔에 눈물을 터트리는 날도 있지만 아침이면 눈물을 닦고 웃으며 씩씩하게 일하러 가고 아무렇지 않은 듯 살아간다. 나는 쓸쓸하지만 다시 용기를 낸다. 마음이 늙지 않게 한다. 몸은 늙어도 마음은 늘 새롭게 한다. 인생의 절반을 넘긴 지금 정말로 깊이 생각하고 최상의 길로 가고 싶다. 지나온 시간보다 다가오는 시간이 더 귀중하고 빨리 지나갈 것이라는 것을 알기 때문이다.

삶의 절반이 지났으니 이제는 지금까지 해보지 못한 일을 해보는 것도 나쁘지 않겠다는 생각이다. 다양한 연령대의 사람에게 살면서 가장 후회되는 일이 무엇이냐고 물었더니 대부분의 사람들이 '진정 원하는 일을 하며 살 걸.' 하면서 후회를 했다고 한다. 사람들은 늘 변명처럼 돈이 없어서 안 돼, 나이가 많아서 안 돼, 여유가 없어서 안 돼, 라며 좌절한다. 그러나 시간이 흐르면 그때 못한 일에 대해 더 큰 후회를 하며 다시 시작한다고 한다. 그러다가 '나는 안 돼.' '나는 틀렸어.' 하고 포기하는 사람도 있고 '나는 할 수 있어.', '반드시 해낼 거야.' 하면서 성취하는 사람이 있다. 실천 의지가 있어야만 가능할 것이다. 그것은 새로운 마음과 각오를 가지고 지치지 않는 마음이 있어야 하지 않을까?

가끔 '오늘은 그만 쉴까? 이만하면 됐지. 이젠 쉬고 싶다.' 하는 생각이 들 때가 있다. 그러나 팽팽한 마음에 느슨한 생각이 들면 원래대로 돌아가기 쉽지가 않다. 마음이 늙지 않게 경계해야 하는 이유이다. 늙은 나이에도 젊음의 마음이 있다. 몸은 늙어도 마음과 인격은 더욱 새로워짐을 느낀다. 그런 내가 아름답다. 그래서 인생은 멈추지 않고 계속 된다. 마음이 늙지 않게 더욱 경계한다.

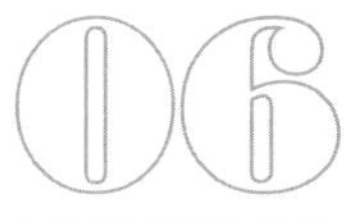

통찰력을 키워라

통찰력은 살면서 가장 필요한 능력이다. 하지만 지나고 보니 통찰력을 키운다는 것이 너무 어려운 일이라는 것을 알게 되었다. 누구도 알려주지 않고 스스로 알아서 살아 나가야 하는 것이다. 안다고 해도 말로 설명하기도 어려울 뿐만이 아니라 이해하기도 쉽지가 않다.

사업을 하는 사람들은 특히 이런 통찰력을 갖춰야 한다고 한다. 삼성 이건희 회장은 통찰력은 '보이지 않는 것을 보는 것'이라며 경영자들에게 업무의 본질을 얘기했다는 말을 들은 적이 있다. 보이지 않는 것을 보는 능력을 말한 것이다.

지금에서 생각하니 나는 통찰력이 너무도 없었다. 대단히 큰 사업은 아니어도 사업을 하면서 미래에 대한 계획이나 준비가 전혀 없었다. 통찰력은 사실과 판단을 분리할 줄 알아야 했다. 미리미리 준비하고 앞날을 내다볼 줄 알았어야 했다. 지금의 내 인생에서 가장 후회가 되는 부분이 미래에 대한 준비를 할 마음이 없었다는 것이다. 오죽하면 2010년이 나에게는 오지 않을 시간이라며 쓸데없는 믿음으로 세월을 보냈을까. 누구한테도 말한 적이 없어서 누구도 나한테 왜 그런 생각을 하는지 묻지도 않았다. 젊은 시절에 쉰이라는 나의 나이를 상상하기 싫어서였다. 그런데 시간은 흘렀고 나는 그 시간을 지나와버렸다.

돌아가신 아버지는 그러고 보면 통찰력을 발휘하셨다. 미래를 바라보고 자식들에게 한 끼 밥이라도 배불리 먹이시려는 의지였지만 어린 우리에게도 이곳이 서울로 가는 길이니 반드시 발전할 것이라고 말씀하신 걸 보면 지금도 놀랍기만 하다. 그곳은 이미 신도시로 옛 모습은 찾아 볼 수 없는 곳이 되었다. 수십 년 전에 앞날을 예측하신 것도 일종의 통찰력이 아닐까? 그런 통찰력이 칼바람 부는 세상에 자식들에게는 단단한 울타리가 되었다는 것이 놀랍다.

통찰력이란 어떤 상황에도 그 내면을 볼 수 있는 능력이라고 한다. 통찰력을 가지고 행동한다는 것은 현명하고 슬기롭게 행동하는 것을 말한다. 통찰력은 여러 가지 면으로 나타날 수 있는데 결국은 살아가는데 필요한 지혜로 나타나는 게 아닐까 한다. 그래서 통찰력을 가진 사람은 축복을 받은 사람이다. 사려 깊고 슬기로운 사람도 결국은 통찰력이 있는 사람이기 때문에 다른 사람에게도 본인에게도 축복이라고 할 수 있다. 통찰력은 지혜의 영역이라고 한다. 지식과 경륜과 분석 능력이 세상을 골고루 꿰뚫어 보고 진단하는 능력이다. 어쩌면 통찰력이 뛰어난 사람은 천재보다 똑똑한 사람이 아닐까?

통찰력이 있는 사람은 살아가는 데 문제가 생기면 그 문제를 면밀히 파악하여 그 문제를 어떻게 대처해야 할지 어떤 결론을 끌어내야 할지 더 명확하게 문제를 해결하는 방법을 알게 된다. 그래서 우리는 통찰력이 필요하고 통찰력이 있는 사람이 되어야 한다. 그래서 나는 통찰력을 키울 수 있는 방법을 나름대로 찾아보려고 한다.

통찰력을 키우기 위해서는 지혜와 지식이 있어야 한다. 하지만 지식은 공부를 통해서 책으로 얻어지는 앎이지만 지혜는 사물의 도리를 알고 하루하루 최선을 다하는 삶 속의 경험을 바탕으로 만들어진다고 한다. 우리가 지혜로운 사람이 되기 어려운 이유일 것이다. 그저 단순한 지식으로 만들 수 없기에 더욱 귀중한 것이다.

또한 자존심과 자존감도 있어야 한다. 우리나라 사람들은 예로부터 '감히 내가 누구인데.' 하며 자존심이 무척 강했다. 내가 아닌 외적인 것에 대한 일종의 고집이었다. 이와 달리 자존감은 자기 자신에 대한 존엄성을 내적인 에너지로 만드는 성숙한 의식이다. 한마디로 내공이 있는 사람은 쉽게 흔들리지 않고 매사에 신중하다. 생각해보면 나도 남에게 인정받지 못하거나 다른 사람에게 지는 것 같은 생각이 들면 무척 자존심 상하고 화가 났던 일이 있었다. 주로 외적인 것에서 오는 것으로 무척 우울했던 적이 있다. 그러니 지금은 외부적인 문제로 쉽사리 흔들리지 않으려고 노력하고 있다. 내가 좀 더 성장하기 위해서는 자존감을 더 키워야 할 것이다.

이에 더해서 봉사하는 마음가짐을 가져야 한다. 봉사하는 마음은 자신도 어렵지만 봉사하면서 마음의 깨달음을 얻는다고 한다. 봉사하는 마음이 자신의 큰 깨달음으로 연결되어 무언가를 얻고 배운다는 자세라면 통찰을 얻는 또 하나의 삶의 지혜가 될 것이다.

〈DBR〉의 2008년 4월 아티클 중 '통찰력을 키우는 7가지 습관'을 정리해 보았다.

첫 번째, 선입견을 조심하라. 사람은 원래 간단한 것을 좋아한다. 그래서 세상만사에 선입견을 가지고 있다. 선입견이 있으면 새로운 관점을 갖기 어렵다. 선입견을 버리고 관심의 영역을 넓히려면 마음의 한계를 버려야 한다. 문제를 정확히 파악하고 선입견을 버리면 통찰에 다가갈 수 있다고 한다.

두 번째, 떠오르는 생각을 반드시 기록하라. 차를 타고 가거나 잠들기 전 문득 떠오르는 생각이 있다. 그것도 빠짐없이 기록해놓아야 한다. 기록해놓지 않으면 나중에 생각나지 않아서 안타까울 때가 한두 번이 아니다. 기록하다 보면 문득 떠오르는 생각을 자주 만들어낼 수도 있다.

세 번째, 근본적인 이유가 무엇인지 살펴보라. 문제를 잘 해결하는 사람은 그 이유를 찾는 데 능숙한 사람이다. 이유를 찾다 보면 분석, 평가, 종합의 세 가지 능력이 저절로 생긴다. 근원적인 이유를 찾다 보면 논리적인 사고와 직관적인 사고가 같이 발달한다. 그것은 통찰로 이어진다.

네 번째, 모방도 통찰력을 기르기 위한 필요한 생활 속의 습관이다. 먼저 배우고 익혀야 자신의 것을 만들 수 있다. 남이 만들어놓은 사고 과정을 탐색해 자신의 것으로 만드는 것이 중요하다. 피카소도 처음 그림을 그릴 때 세잔 등 다른 사람의 그림을 모방했다는 것은 잘 알려진 사실이다.

다섯 번째, 낯선 것을 친숙한 관점으로 보거나 친숙한 것을 낯선 관점으로 바라볼 때 통찰력을 얻을 수 있다. 사물을 다양한 관점으로 바라보라는 것이다. 스티브 잡스는 아이폰을 이런 관점으로 낯선 것을 친숙한 느낌으로 만들어 낸 것이다. 스티브 잡스는 지속적으로 낯선 것을 친숙하게, 친숙한 것을 낯설게 바라보는 사람이었다. 즉 우리 주변에 우리가 미처 깨닫지 못한 놀라운 통찰이 숨어 있다는 말이다.

여섯 번째, 판단을 천천히 하라. 뭔가 좋은 생각이 들면 흥분하기 쉽다. 성격이 급한 사람은 바로 흥분해서 정작 중요한 것을 놓치기 쉽다. 하룻밤만 지나면 생각 못했던 부분이 보이기 시작한다. 정작 시작하면 처음과 다른 것들이 보이기 때문에 하루 정도 충분히 생각한 후 판단을 해야 한다는 말이다.

일곱 번째, 일단 결정하면 바로 실행하라. 무슨 일이든지 결정하면 바로 실행해야 한다. 미루다 보면 하지 못할 이유가 백 가지가 넘는다. 새로운 결정을 하게 되면 안주하지 말고 중요한 것은 바로 실행해야 한다는 것이다.

이렇게 습관을 들이다 보면 언젠가는 통찰력이 있는 사람이 되지 않을까 한다.

시간은 흐르고 있다. 세상을 바라보는 눈을 키우는 것도 내가 세상을 잘 살아 내기 위한 방법일 것이다. 세상에는 세 종류의 부자가 있다고 한다. 첫째는 재산이 많은 사람, 둘째는 명예와 권력이 있는 사람, 셋째는 마음이 부자인 사람이라고 한다. 그중에서 마음이 부자인 사람이 가장 부자라고 한다. 모든 인간의 병은 근심 걱정이 원인이라고 한다. 재산이 많아도 걱정, 없어도 걱정이다. 그래서 적당한 게 좋다. 또한 돈이 많아도 건강하지 못하면 소용이 없다. 아픈 후에 이것을 깨달으면 그때는 이미 늦다. 그런데 적당한 때를 만드는 것이 쉽지가 않다. 그때를 찾아내는 것이 통찰력이 있어야 가능할 것이다.

지나친 욕심에서 나를 보호하고 통찰력을 갖고 싶다. 이제는 세상을 제대로 보고 싶다. 인정받지 못한다고 화내거나 억울해하지 않으며 내 본분을 아는 사람이 되고 싶다. 지나간 시절을 후회하지 않으며 앞으로 오는 세월은 내가 키운 통찰력으로 지혜롭고 현명한 사람으로 살고 싶다. 그래서 통찰력을 키우고 싶다.

인생은 무르익는 벼와 같다

인생을 어떻게 살아야 할까? 우리 어머니에게 사치와 낭비란 없었다. 일곱 남매를 먹여 살리는 일만이 오로지 해야 할 일이었다. 억척스럽게 일하고 집안일을 도맡아 처리하는 일 외에는 관심조차도 없었다. 단 한 번도 다른 이유로 집안에 소홀하거나 게을리하는 모습을 본 적이 없다. 어린 시절 나는 새벽이면 일어나 앉아 일하는 모습을 보며 나이 들면 당연히 저렇게 일하는구나 했다. 새벽부터 일하는 것도 당연하고, 힘들고 어려운 일도 나이 든 어머니에게는 당연한 일이라고 했다.

아버지가 돌아가시고 세월이 흐른 후 어머니는 한탄을 하면서 푸념을 하신 적이 있다.

“내가 한 번이라도 맘껏 놀기라도 했다면, 아니면 술이라도 한번 실컷 먹어봤다면 지나간 세월이 덜 억울할 텐데.”

그때는 그 말을 이해하지 못했다. 부모는 뭐든지 당연하다고 생각했다. 입에 든 맛있는 음식도 빼어 먹여주는 게 부모의 도리라고 생각했다. 하지만 내가 부모가 되고 자식들을 키우면서 어머니가 얼마나 고된 삶을 사셨는지 만분지의 일이라도 헤아리게 되었다. 지금도 나는 어머니의 생각에 가슴이 아려온다.

삶의 절반을 넘어서면서부터는 나는 어느 때보다 진지하게 살아야 한다고 생각했다. 항상 고달프고 여유 없는 생활을 하다 가신 어머니가 나에게는 삶의 지표이기도 하고 내 생활의 기준이기도 했다. 지금도 나는 어머니가 나에게 보여준 삶의 태도로 내 인생을 지키려고 노력하고 내 삶을 지켜내기 위해 애쓴다. 앞으로의 시간을 어떻게 지내느냐에 따라서 내 인생은 다르게 살게 될 수 있으리라고 생각한다. 삶의 절반이 지난 후 우물쭈물하다 보니 어느새 이 나이가 되었다. 인생은 거저 살아지는 것이 아니라는 것도 이제는 알게 되었다.

'인생이란 무엇인가?' 하는 질문에 의문을 갖게 된 것도 어머니가 돌아가시고 내 삶의 굴곡이 심해질 때였다. 그러나 많은 사람들이 이 물음에 답을 얻으려고 해도 지금도 올바른 답을 얻지는 못했다고 들었다. 세상 모든 사람들은 인생이 어디서 왔다가 어디로 가는지 모른다고 한다. "인생은 나그네 길, 어디서 왔다가 어디로 가는가?"라는 유행가가 있다. 이것은 수만 년을 내려온 인생사의 영원한 물음표일 것이다.

"인생은 나와 시간과의 영원한 승부"라는 글을 본 적이 있다. 인간에게는 누구에게나 공평하게 시간이 주어진다. 부자든 가난한 사람이든 사업가든 직장인이든 무엇을 하는 사람이든 똑같은 시간이 주어진다. 똑같이 주어지는 하루의 시간을 어떻게 쓰느냐에 따라서 사람의 운명이 바뀌기도 한다.

나도 인생을 낭비하지 않기 위해 나름대로 노력을 한다. 인생은 시간과의 영원한 승부라는 글을 보고 자극을 받아서이다. 오죽하면 한 시간 게으름을 피우면 딱 그 시간만큼 뒤처진다는 말이 있다. 게으름을 피우면 우선 편하기 때문에 습관이 되기 쉽다. 어느 학자는 인간은 게으름을 피우는데 천부적인 재능이 있다고 말한다. 마약과 같아서 게으름은 고치기도 힘들고 게으름에서 탈출하기도 쉽지 않다. 그래서 더욱 부지런해지려고 노력한다. 그럴 때마다 나는 어머니의 부지런함을 떠올린다. 같이 잠들어도 새벽이면 여지없이 일어나 일하는 어머니를 생각하면 편히 사는 게 죄송스럽다.

빌 게이츠는 "가난하게 태어나는 것은 당신의 잘못이 아니지만, 죽을 때 가난한 것은 당신의 잘못이다."라고 했다. 누구나 똑같은 시간을 갖지만 누구는 가난하게 태어나 가난하게 죽고 누구는 가난하게 태어나도 부자로 죽기도 한다. 결국 환경적인 조건도 자신의 힘으로 얼마든지 바꿀 수 있다는 말이다. 환경을 변화시킬 힘이 없다면 마음가짐 태도만이라도 긍정적으로 바꾸어야 할 것이다. 더욱 부지런해야 하는 이유이다. 나는 그런 어머니 밑에서 자랐기에 마음을 단단히 먹고 끝까지 노력하며 주저앉지 않았다.

아침에 상쾌한 기분으로 눈을 뜨고 '오늘은 좋은 일이 생길 거야' 하면서 일어난다. 그날은 기분이 좋다. 기분 좋고 즐겁다고 생각하면 즐거운 세상이고 '에이, 살기 싫어' 하고 생각하면 싫은 세상이 될 것이다. 어떻게 세상을 살 것인지는 자신의 선택에 달려 있다. 기분 좋은 생각을 하면 기분이 좋아지지만 한숨을 쉬면 복이 하나씩 도망간다고 한다. 긍정적인 마인드가 얼마나 중요한지 아무리 강조해도 지나치지 않는다. 이런 긍정적인 마음은 세상을 살아가는 데 큰 힘이 된다.

며칠 전 전을 들고 시어머님께 다녀왔다. 이제는 구십이 다 되셔서 순한 노인이 되셨지만 아직도 예전의 그 까랑까랑함은 여전하다. 언제나 추석 명절이면 이틀 전부터 와서 준비를 하라고 하셨다. 사실 시내에서 특별히 할 일이 많은 것도 아니고, 식구들이 많지도 않아서 부산스럽지도 않았다. 일부러 빨리 와야 말동무라도 하고 아이들도 마음 놓고 볼 수 있으니 일찍 불러들이셨다. 하지만 며느리인 형님과 나는 별로 내켜 하지 않았다. 워낙 깐깐하시고 깔끔하신 분이라 잠시도 쉴 틈을 주지를 않으셨다.

그날 해도 될 일을 미리미리 일을 시키시는 걸 좋아하셨다. 식구라야 우리 형제 부부와 아이뿐이라 단출해도 새벽부터 쫙쫙 물을 틀어놓고 거실에서 자는 며느리들을 깨우셨다. 전날부터 하루 온종일 일 시키는 어머님이 이해가 가지 않아도 평생을 아버님 때문에 역정이 나신 어머니를 거역하긴 어려웠다. 무조건 하고자 하시는 대로 들어드렸다. 자식들이 마음 고생하신 어머니에 대해 말로는 표현하지는 못해도 안쓰러움과 애증의 마음을 알기에 며느리 입장에 부당해도 입 밖으로 표현하기는 어려웠다.

그렇게 위세가 대단하신 어머님도 이제는 세월의 흐름에는 별 도리가 없으셨다. 이제는 가끔씩 들리는 며느리에게도 미안해하시는 모습을 보니 세월 앞에 장사 없다는 말이 새삼 헛된 말이 아님을 알게 된다.

얼마 전에도 갑자기 전화를 하셔서 죽기 전 소원이라며, 기도원에 데려다 달라고 하셔서 난감했던 적이 있다. 머릿속에 마귀가 들어 있으니 그걸 빼러 기도원 가신다니 믿음이 부족한 우리는 과연 맞는 말씀인지 혼란스러운 적이 있다. 같이 사는 시누이가 말려서 간신히 넘어가긴 했으나 가끔씩은 자식들이 어떻게 대처를 해야 하는지 당황할 때가 한두 번이 아니었다.

신혼 때부터 여러 가지 일로 힘들게 하셨지만 지금 생각하면 결국 그것도 인생을 살아가는 한 과정일 뿐이라는 것도 알게 되었다. 인생은 멀리 여행하는 것이라 했는데 결국은 돌고 돌아 그 자리에 와 있다는 것도 알게 되었다. 인생은 어쩌면 거창한 것 같아도 욕심을 내려놓으면 별 거 아닌 것이 인생이다. 하나하나의 느낌들이 모아져서 하나의 삶이 이루어지고 그것이 인생이 되는 것이다. 한동안 애증의 대상이었던 어머님이 이제는 나약한 노인이 되어 자식을 기다리는 애절한 눈빛을 보았다. 나 또한 한없이 약해지는 느낌은 나도 그 부모에 그 자식이란 생각 때문이다.

인생은 무르익는 벼와 같다. 과거로 돌아가서 인생을 바꿀 수는 없을 것이다. 이미 지나간 것은 지나간 것이니까 이제는 앞으로의 시간이 더욱 중요할 것이다. 지금부터라도 시작하면 미래는 충분히 바꿀 수 있을 것이다. 지나간 과거도 중요하다. 하지만 지금은 돌아올 미래도 중요하다. 인생은 나도 모르게 익어 가고 있기 때문이다. 행복하고 성공한 사람은 과거에 감사하고 미래의 꿈을 꾸고 현재를 설레며 산다고 한다. 지금의 나도 이렇게 살고 있는지 나를 돌아보게 된다.

여행이 즐겁고 행복하려면 가벼운 마음으로 여행하면 된다. 삶도 마찬가지이다. 행복하다고 외치며 가볍게 살면 행복한 삶이 될 것이다. 흘러가는 대로 살아가자 돌아올 수 없는 것은 자연스럽게 놓아주어야 한다. 현재가 불만족스럽다면 변화해야 하는 것은 상황이 아니고 바로 나 자신이라는 것도 알게 되었다.

우리는 단 한 번의 인생을 산다. 인생을 무르익는 벼와 같이 겸허한 마음으로 받아들이고 제대로 산다면 한 번으로 충분하다. 안병욱 교수는 행복과 불행은 같은 지붕 밑에 살고 있으며 성공의 옆방에 실패가 살고 있다고 한다고 했다. 저절로 일어나는 일은 없다. 스스로 노력해서 나에게 다가오도록 해야 비로소 나에게 모든 일이 다가온다는 것도 알게 되었다.

저절로 살아지는 인생 또한 없을 것이다. 씨를 뿌리고 모종을 심고 그 모종이 자라서 벼가 되고 벼가 익으면 겸손하게 머리를 숙이는 것처럼 인생도 하나하나 배워가며 무르익어 간다.

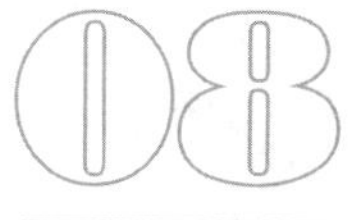

아름다운 노년을 준비하라

"나다. 어머니야. 어제 보내준 만두 잘 먹었다. 나는 이제 너만 잘살면 된다. 바라는 거 아무것도 없어. 애들 잘 키우고 너만 잘살면 돼. 부디 애들 잘 키우고 잘 살아라."

"어머니, 왜 그러셔? 많이 아파요?"

어머니는 괜찮다며 전화를 끊었다. 당뇨에 여기저기 잔병은 많으셔도 평소처럼 아무렇지도 않게 전화를 하셨다. 하지만 일상적인 인사로 보기에는 너무 간절한 인사 같았다. 마음에 걸려서 한 번 들르려고 했는데 시간이 지났다. 이틀 후 어머니는 아침을 드시다가 심한 기침 때문에 뇌출혈로 돌아가셨다. 당신은 당신의 죽음을 예감하셨을까? 다른 형제들은 그럭저럭 사는데 화재로 힘들어하는 막내딸이 영 마음에 걸려서 어떻게 세상을 떠나셨을까? 나에게는 마지막 유언을 하신 것이었다.

고생만 하시다 돌아가신 어머니는 당신이 늘 말씀하시던 대로 돌아가셨다. 자식에게 신세 지지 않고 하루 이틀만 앓다가 죽고 싶다고 늘 말씀하셨다. 식물인간처럼 누워서 아무 의식 없이 살면 절대 안 된다며, 절대로 생명 연장하지 말아 달라고 입버릇처럼 말씀하시더니 정말 그렇게 돌아가셨다. 연락받고 가보니 이미 어머니는 의식도 없고 미동도 없었다. 그래도 어머니가 병원에 입원하시고 며칠은 계실 줄 알고 형제들끼리 당번을 정하고 집에 돌아왔을 때 병원에서 모시고 가란다며 전화가 왔다. 그날로 허망하게 떠나가셨다.

나는 한동안 너무 자책이 되어서 슬픔에서 벗어나기 힘들었다. 조카한테 들려 보낸 만두를 더 사다 드렸다면 얼마나 좋았을까? 어머니와 전화를 끊고 바로 달려갔다면 한 번이라도 얼굴을 더 보았을 텐데…. 어머니는 이미 당신의 죽음을 예감했는지 옷장마저도 깨끗하게 정리를 해놓으셨다. 남아 있는 자식들이 정리하고 말고 할 것도 없이 당장 입을 옷 외에는 아무것도 없었다. 죽음을 예감하고 아예 정리를 하고 계셨다. 떠나가면서 제일 마음에 걸리는 자식에게 전화를 해서 잘 살아 내기를 당부하고 떠나시다니…. 지금도 생각하면 눈물이 난다.

열세 살에 시집을 와서 남편과 징용으로 헤어졌다가 전쟁을 겪은, 어머니 말대로 고생만 바가지로 한 세대이다. 지금 생각하면 힘들고 고단한 삶이었지만 아름다운 삶을 살다 가신 것이다. 젊어서는 혼신을 다해 일하면서 자식들 키우셨고 그 덕에 자식들은 초라하지 않은 삶을 살 수 있도록 기초를 다져 놓으셨다. 돌아가실 때도 자식들에게 폐 끼치기 싫다고 하시더니 그대로 이루고 가셨다.

아름다운 노년이란 무엇인지, 이렇게까지 죽을 때까지 마무리를 잘 해야 하는지, 나를 숙연하게 만들었다. 살아있는 나에게 나는 죽을 때까지 어머니처럼 살아야 하는지 묻기 시작했다. 하지만 어머니의 크기로 살 자신이 없다.

아주 어린 시절 어머니와 함께 초등학교 운동장에서 하는 영화를 보러 간 적이 있다. 얼마나 오래 되었는지 기억조차도 가물가물한 시절이다. 지금은 상상할 수도 없는, 하지만 그 시절에는 몇 년에 한 번 있는 축제 같은 일이었다. 동네 사람들은 밤에 하는 영화인데도 모두 곱게 차려 입고 영화 구경을 하러 모여 들었다. 나는 어머니의 손을 잡고 아버지와 같이 영화를 봤다. 생전 처음 보는 영화인데 나는 그날 밤새 잠을 못 잤던 걸 기억한다. 어머니와 아버지와 처음이자 마지막으로 본 영화였다.

매일 일만 하던 어머니와 아버지는 생전 처음 보는 영화에 너무 신기해하셨지만 그 다음에 영화를 보러 또 갈 수는 없었다. 돈을 내면서 갈 형편이 아니었다. 나는 그 돈도 못해주는 어머니가 원망스러웠지만, 우리 형제들 누구도 입 밖으로 영화를 보고 싶다는 말은 하지 않았다. 지금도 나는 그 장면이 영화처럼 떠오른다. 깜깜한 밤에 운동장에 쳐있는 천막 안으로 들어가서 보는 영화란 라디오 연속극만 듣던 내게는 참으로 신기한 경험이었다.

지금 생각하면 내가 지나온 세월이 꿈만 같다. 언제나 그 시절이 머물러 있을 줄 알았는데 어느새 이렇게 할머니가 되어 초등학교 시절을 그리워하는 할머니가 되었다. 세월이 가는 것은 유수와 같아서 누구도 막을 수도, 끊을 수도 없다. 순응하며 아름답게 나이 들어가는 것이 인생살이리라. 난 특별한 재주도 능력도 없다. 내가 자신 있는 것은 성실함과 누구에게나 줄 수 있는 친절함이 내 장점이다. 가끔은 지나친 친절로 내가 나를 곤란하게 하는 일이 생겨도 나는 그것이 유일한 나의 장점이라는 것을 알았기에 지금도 나는 누구에게나 친절한 사람으로 살고 싶다.

"할머니, 오늘도 회사 가요?"

아침마다 일곱 살짜리 손자는 묻는다. "왜?" 하고 물으니 그냥 할머니가 집에 있으면 좋겠단다. "할머니가 돈 벌어야 맛있는 과자도 사주고 장난감도 사주지." 하며 달래본다.

"아빠만 돈 벌러 가면 되잖아."

웃음이 나온다. 싫지 않다. 아직은 일하러 가는 나도 가끔씩은 꾀가 나기도 하지만 손자가 가지 말라면 못 이기는 척 주저앉고 싶기도 하다. 그럴 형편이 안 된다는 걸 이해할 나이는 아니니 웃어넘긴다.

요즘 게임에 조금씩 맛들인 손자의 유일한 방패막이인 할머니가 필요했기 때문이라는 것도 안다. 혼내는 어머니에게서 몇 번 역성을 들어주었더니 요즘은 아예 대놓고 할머니가 집에 있었으면 한다는 말에 절로 웃음이 난다. 그래도 조건을 달아 가나다 글쓰기를 하면 퇴근 후 하게 해준다 했더니 기특하게 일주일 만에 글씨를 다 떼어버렸다. 이런 것도 일종의 할머니가 된 나의 유일한 협상 방법이 되었다. 아들과 며느리는 알면서도 할머니의 위세를 살려주기 위해 손자에게 할머니 오시면 하게 해준다며 미뤄준다. 그 속내가 고맙기도 하고 궁금하기도 하다. '언젠가 시간이 흐른 뒤 나는 어떤 어머니나 할머니로 기억되고 싶은가?' 하는 생각에 잠을 설친다. 어머니가 돌아가시기 전에는 '왜 어머니는 저렇게밖에 못하지? 우리 어머니는 왜 저럴까?' 한 적도 있었다.

어머니는 한때 동네에서 '오천평'이라는 별명으로 불렸다. 젊은 시절 많은 자식들과 살아 내려니 정작 본인의 모습은 돌볼 수 없었다. 나는 근방의 동네 사람들이 '오천평'이라는 말로 우리 집을 지칭하는 게 너무 창피하고 싫었다. 운동회 날 먹을 것을 양은그릇에 잔뜩 이고 오는 어머니가 싫어서 괜히 심술을 부린 적이 있다.

예전에는 운동회 날이면 친척들까지 다 와서 먹을 것을 많이 준비해야 했다. 시골에서는 가을 운동회가 집안의 큰 행사였다. 새벽부터 일어나 온갖 음식을 다하느라 늦은 어머니에게 안 먹는다며 괜한 화를 돋운 적이 있었다. 조금씩 세상에 눈떠가던 시절이라서 뚱뚱한 어머니가 잔뜩 이고 오는 맛있는 음식도 창피했었다. 결국 어머니의 속을 있는 대로 뒤집던 내게 돌아온 것은 매타작이었다. 집에 돌아와서도 괜한 심술을 부리던 내게 어머니는 부지깽이를 드셨다.

어머니는 다른 것은 몰라도 버르장머리 없는 것은 용서를 안 하셨다. 동네에서도 무서운 어머니로 소문이 나서 누구 하나 손가락질 받지 않고 예의바른 아이들이란 소리를 듣고 자랐다. 절대로 동네잔치에도 얼씬거리지 못하게 하시는 엄한 어머니였다. 그래도 유일하게 막내인 나한테만은 너그러우신 분이셨다. 그런데 그날 나는 드디어 오빠들이 맞던 부지깽이의 위력을 보게 되었다.

맞으면서도 울지도 않고 꿈쩍도 안하는 나를 보고 어머니는 독한 년이라고 하시더니 부지깽이를 집어 던지셨다. 순하디 순해도 어느새 고집쟁이가 되어버린 막내딸을 어머니는 이미 알고 계셨던 것이다.

어깨와 등에 혹이 생겼다. 부풀어 오른 상처가 커다란 벌레처럼 보였다. 어머니는 이내 약을 가지고 와서 발라주시며 "그러게 왜 어머니 속상하게 해? 다신 그러지 마." 하시는 목소리가 떨렸다. 아무것도 아닌 일에 쓸데없는 고집을 부리는 막내가 화가 나기도 하고 안쓰럽기도 한 어머니는 때린 게 못내 속이 쓰리신 듯했다.

나는 지금도 그때 내가 왜 그랬는지 후회가 된다. 얼마나 속이 상하셨을까? 오랜 세월이 흐른 지금도 나의 머릿속을 떠나지 않는 한 장면이다. 내가 이제는 나이가 들어 어머니의 생각을 하니 나는 과연 어머니처럼 더 처절하게 살았을까. 나는 아직도 조금만 힘들면 흔들리고 조그만 바람에도 일렁인다. 철저하게 아이들에게 교육을 시키지도 못했고 예의범절에 바른 아이로 키우지도 못했다. 그저 살아가는 흉내만 내고 있을 뿐이다.

이제는 나는 더욱 최선을 다해 살아 내려고 한다. 어머니가 살다 가신 처절한 세상이 헛되지 않게 살려고 한다. 어머니만큼은 아니어도 최소한의 어머니처럼 자식들에게 정신적인 기둥은 되어주려고 한다. 아름다운 노년을 만들기 위해 나는 오늘도 최선을 다해 준비한다. 지나간 나보다 앞으로 살아갈 나를 위해 더 열심히 살고자 한다. 그래서 기대가 된다.

5장.

마흔이 넘으면
나 자신을 위해
살아라

마흔이 넘으면 나 자신을 위해 살아라

사람들은 마흔이 넘으면 항상 삶에 대해 새로운 의문점을 갖는다. 살아온 시간이 허무하기도 하고 앞으로 살아갈 시간에 대한 불안감 등 여러 가지 심정적인 변화로 인해 혼란을 겪는다.

나는 마흔 되기 전 언니들과 얘기를 나누다가 놀라운 얘기를 들었다. 언니가 남편에게 당분간 헤어지자고 말했다는 것이다. 너무나 잘 살고 있고 사회적으로나 경제적으로나 성공해서 안정된 생활을 하고 있던 언니였는데 그런 말을 하다니 눈이 동그래진 나에게 언니는 살아보니 지난 세월이 너무 덧없고 허무해서 괜히 혼자 살고 싶어졌다며 당분간은 아무도 없는 곳에서 살고 싶은 심정이라는 것이었다.

나는 그 당시에는 마흔이 한참은 먼 나이라서 이해를 하지 못했다. 그러면서 마흔이라는 나이가 궁금하기도 하고 기다려지기도 했다. 과연 마흔이 되면 어떤 기분일까, 정말 허무하고 쓸쓸해서 살기가 싫어질까부터 여러 가지 생각을 하면서 마흔을 맞이하게 되었다. 마흔에 대한 기대감과 한편으로는 여자들이 누구나 겪는다는 인생의 변곡점이 한없이 궁금했다.

그런데 나는 마흔이라는 나이가 되자 좀 싱거웠다. 내가 기대했던 마흔의 마음의 변화를 느끼지 못했기 때문이었다. 아니 느낄 수가 없었다. 매일매일 돌아오는 어음에 화재로 인한 모든 뒤처리며 살아 있다는 느낌마저 없을 정도로 몰아치던 시간들이 마흔이라는 나이를 넘어서게 해버렸다. 나에게 마흔은 덧없이 흘러갔다. 마흔이라는 나이를 넘어 나는 마흔 다섯이라는 나이가 되었을 때 시간적으로나 정신적으로 나를 천천히 돌아보는 시간을 가지게 되었다.

그러나 생각해보니 그때 나는 마흔이라는 나이를 호되게 겪었어야 했다. 그래야 인생에 대해 재정비도 하고 내가 어떻게 살아야 하는지 그때에 방향을 잡았다면 하는 마음이 요즘은 더 절실하게 든다. 왜 그때 그렇게 살아버렸을까? 왜 그 좋은 시절을 그렇게 흘려보냈을까? 너무 안타까운 마음이 들어서 눈물이 날 지경이라면 이 심정이 이해가 갈까. 지금은 마흔이라는 나이를 생각하는 것조차 부끄러운 나이가 되었다. 그런 때가 있었나 싶다.

마흔이라는 나이를 그렇게 떠나보내고 아쉬움을 느끼지도 못한 채 오십이라는 나이를 만났다. 그제서야 나는 내 나이를 보기 시작했다. 하지만 온전한 나를 찾기는 쉽지 않았다. 나는 생활인으로 무장해서 집안 모든 생계를 짊어질 수밖에 없는 사람이라서 감히 나를 찾는다는 것은 쉽지가 않았다. 그러던 어느 날 잃어버린 마흔에 대한 생각이 나기 시작했다.

나는 무엇인가를 하지 않으면 안 되었다. 오래전 잃어버렸던 학구열도 다시 솟아오르기 시작했다. 오십 중반이 지난 나이에 내가 하고 싶은 일을 찾아다니기 시작했다. 닥치는 대로 그림도 그리러 다니고 사이버 대에 편입해서 상담 심리학을 전공했다. 정말 나를 다시 찾은 기분이었다. 아, 왜 진즉 용기를 내지 못 했을까 하는 후회가 밀려오기도 했다. 진정한 나를 찾는 여정이 그때부터 시작이 된 것 같았다.

진정한 나를 위한 일이 무엇일까? 나는 지금도 늘 고민한다. 여태까지는 가정을 위해 기꺼이 나를 버리고 살았다. 이제라도 나는 나를 위한 삶을 살고 싶다. 오로지 나만을 위한 시간과 여유를 누리고 싶다. 한 푼이라도 아껴서 아이들에게 더 해주려고 아등바등 살아왔다. 이제는 그렇게 살지 말고 나를 위해 살아보자고 다짐을 해본다. 곧 웃음이 터져 나온다. 어림도 없는 일이란 걸 안다. 내가 언제부터 그렇게 살았다고…. 아직은 경제적으로 독립하지 못한 아이들도 걸리고 남아 있는 대출금이 내 목을 조여 온다. 그래도 나는 믿는 구석이 있다. 나의 식지 않는 열정과 포기하지 않는 정신력이다. 나는 늘 그렇게 열심히 살아왔다.

남편과 아이들도 이제는 내가 무엇을 한다면 한 번도 말리거나 '왜 저러지?' 하는 눈길을 준 적이 없다. 그게 지금은 너무 고맙다. 아들은 어머니가 이것저것 한다고 미안해하는 눈치를 보이자 "난 어머니 믿어." 하면서 응원을 해준다. 그 말에 가슴이 뜨거워지고 용기가 솟는다. 남편도 내가 무엇을 하겠다면 말리거나 무리한 일을 한다며 핀잔을 준 기억이 없다. 나에게는 든든한 응원군이다.

손이 갑자기 나이 들어 보인다. 주름이 주글주글하니 늙어 보인다. 일어나서 화장대에 있는 크림을 듬뿍 찍어 비벼본다. 갑자기 나이든 손은 아닐 것이다. 내가 신경 쓰지 못하고 있었을 뿐이다. 젊었을 때부터 신경 썼더라면 덜 늙지 않았을까 약간의 아쉬운 마음이 든다. 조금만 일찍 내 자신에 대해서도 신경을 썼더라면 지금은 달라진 모습을 하고 있지 않을까 상상해본다.

얼마 전 친구에게 전화가 왔다. 목소리에 활기가 넘친다. 조금 먼 곳이지만 이곳에 일자리가 생겼는데 상담만 해주고 일당도 많이 받는다며 신나하는 목소리가 신이 났다. 나는 너무 잘했다며 축하해주고 전화를 끊었다. 늘 힘든 일만 하던 친구였다. 넉넉지 않은 살림에 남편마저 큰 수술을 해서 생계를 책임져야 했다. 늘 씩씩하고 밝은 친구지만 가끔씩 힘들어하는 모습이 너무 안타까웠다. 마트며 식품 배달하는 일이며 고단한 일도 마다 않고 했다. 빵집에서 늦은 시간까지 일하다 쓰러지기도 했다.

그러던 친구가 아파트 분양 일을 하게 되었다. 원래부터 깔끔한 성격에 외형도 좋은 친구라 금방 적응이 되었다. 그 친구는 왜 진즉에 이런 일을 몰랐을까 하며 지난 시간을 아쉬워했다. 이렇게 할 수 있는 일이 있는데 고생하며 지난 시간이 아깝다며, 다시는 그런 고생스러운 일은 못하겠다고 했다. 무조건 다른 일은 할 수 없을 거라며 포기했기 때문이었다. 충분히 할 수 있는데도 시도조차 해보지 않았기에 자신의 능력을 발휘할 기회가 없었다. 나는 지금도 그 친구를 생각하면 기분이 좋다. 힘들고 어려웠다. 나에겐 어렸을 때부터 영혼의 단짝 같은 친구였다. 내가 어려울 때 팔다 남은 부식거리도 거리를 마다하지 않고 가져다 준 고마운 친구였다. 정말 지긋지긋하게 고생도 많이 했다.

적은 나이는 아니지만 이제 본인이 무엇을 해야 잘하는지도 알게 되었다.

지난번에는 아파트도 분양 받았다며 들뜬 목소리로 전화도 왔다. 요즘은 시국이 시국인지라 일자리가 없어 고민하는데 입주 상담 자리가 생겨서 본인은 일할 수 있다며 전화를 한 것이었다. 이제야 본인의 길을 찾아 활기차게 사는 친구가 너무 고맙다.

적지 않은 나이에 나에게 맞는 일을 한다는 것은 쉽지 않다. 그러나 나는 이제 알게 되었다. 사람은 나이와 상관없이 늦은 나이건 이른 나이건 자신이 좋아하는 일을 찾아야 한다는 것을 알게 되었다. 행복한 일을 해야 본인도 행복하고 주변 사람도 행복하다는 것을 알게 되었다. "늦은 나이란 없다. 늦은 마음만 있을 뿐"이라는 말이 마음에 와 닿는다. 늦다고 생각하면 한없이 늦어지고 내가 늦었다고 걱정하는 지금이 누군가에게는 절실히 원하던 그때일 수 있다. 마흔을 훌쩍 넘겨서 아쉬운 마음이 큰 것도 사실이다.

이제부터 나는 내 꿈을 이루기 위해 나를 위해 살고자 한다. 늦은 나이에 꿈을 이루는 사람들이 수도 없이 많다. 가능성을 스스로 닫지 않는다면 누구나 인생의 예쁜 꽃을 피울 수 있을 거라고 생각한다. 나이가 많다고 꿈을 접어 두고 살기에는 나는 너무 억울하다. 나는 이제부터라도 내 꿈을 이루기 위해 더욱 열심히 달려갈 것이다. 삶의 고통과 좌절 속에서도 자신의 꿈을 이루어 낸 수많은 사람들처럼 나도 내가 진정 원하는 꿈을 꾸며 한 발짝 한 발짝 내 꿈을 향해 다가갈 것이다.

일하는 노년이 아름답다

이제는 코앞으로 다가온 노년이 내게는 하나의 과제이다. 무언가 일을 하려면 노인의 마음이 아니라 늘 청년의 마음이어야 한다는 말도 나에게는 뼈아프게 들린다. 막상 젊은 친구들이 너무 똑똑하고 예뻐서 내가 끼어들 곳이 없다는 생각이 들어서이다. 괜한 미안한 마음과 함께 아니면 뒤처지지 않게 더 열심히 해야 하지 않을까하는 마음이다.

젊은 사람들과 함께 소통한다는 것이 쉽지 않음을 나는 알고 있다. 이제까지는 돈을 위해 일했다면 앞으로는 젊은 세대와 소통하며 나의 자리를 만들어가야 한다. 나는 그게 너무 어렵고 힘들다. 아니 힘들다는 말을 하는 것조차 투정처럼 들릴까 봐 조심하게 된다. 나이 먹은 사람이 힘들다 징징거릴 것 같으면 집에 있지 왜 나와서 여러 사람 피곤하게 하느냐는 핀잔이 두렵기 때문이다. 이런 모든 것을 넘어선 사람만이 진정한 승자가 될 것이다.

늦은 나이에 꿈을 이룬 사람을 레이트 블루머(late bloomer)라고 한다. 해리 리버먼이라는 화가가 있었다. 29세에 단돈 6달러를 가지고 미국으로 건너와 40세 초반에 상당한 부를 축적하고 70세 후반에 은퇴해서 뉴욕의 한 노인 클럽에서 체스를 낙으로 삼아 시간을 보내고 있었다. 어느 해인가 체스상대가 되어 주던 사람이 몸이 불편해서 나오지 못해 무료한 시간을 보내던 중 봉사활동을 온 한 청년이 왜 그렇게 놀고만 있냐며 그림이라도 그려보라고 한 말에 자극을 받아 그림을 그리기 시작했다. 101세까지 22번의 전시회를 열었고 103세에 죽을 때는 미국의 샤갈이라는 칭송을 받았다. 101세에 전시회를 연 그는 계속해서 그림을 그리겠냐는 기자의 질문에 이렇게 말했다고 한다.

"당연히 그려야죠. 저는 제 나이를 101세라고 말하고 싶지 않습니다. 다만 101세를 살았으니 누구보다 성숙하다고 할 수 있겠죠. 저는 예순 일흔 여든 아흔 먹은 사람들에게 아직은 인생의 말년이 아니라고 말하고 싶어요. 몇 년 더 살지 생각 말고 어떤 일을 더 할 수 있는지 생각하라고 말하고 싶어요."

나는 이 말에 너무 큰 감동을 받았다. 아니 충격이라고 해야 옳을 것이다. 나도 늘 맘속에 '내 나이가 괜찮을까?', '내 나이에 뭘.' 하면서 자신감이 떨어지던 참이었다. 그런데 이 글을 보고는 용기가 생기기 시작했다. 나이 들어 노년에도 일을 할 수 있다는 것은 삶의 자신감이며 삶의 활력소일 것이다. 일을 함으로써 사람을 만날 수 있고 존재감을 느낄 수 있는 일하는 노년이 얼마나 아름답겠는가?

우리 아버님은 늦게까지 쉬지 않고 일을 하셨다. 나에겐 손위시누이기도 한 딸에게 집을 사주고는 대출금을 갚아주신다며 친구가 하는 공장에를 다니셨다. 삼남매에게 집은 꼭 사주신다는 평생의 꿈을 이루신 것이다. 원래 손재주가 뛰어나시기도 하지만 부지런함과 책임감이 아버님을 늦은 나이에 일을 하실 수 있도록 하셨다. 칠십이 넘은 나이에 전철을 타고 하루에 두 시간 거리를 다니셨다.

그런데 나는 그때 우리 아버님 모습이 너무 멋있었다. 일을 하러 나가시는 꼿꼿한 허리에 당당한 발걸음이 하나도 초라해 보이지 않았다. 물론 당신의 생계는 일찍이 연금으로 해결하셨기에 더욱 자신감이 넘쳤었다. 나도 나이 들어 저렇게 당당하신 아버님처럼 살았으면 하는 바람도 있었다. 이런 저런 생각을 하다 보니 아버님이 얼마나 훌륭한 분이었는지 더욱 절실하게 알게 되었다.

우리나라는 이미 노년의 비율이 14.7%라는 노인 공화국이 되었다. 나도 예전에는 노인이 안 될 줄 알았다. 아니 아주 어릴 때는 어머니 아버지도 평생 늙지 않고 그대로 사는 것인 줄 알았을 때가 있었다. 어머니 아버지가 안 늙길 바라는 마음이 컸기 때문이다. 그러나 이미 나이 들어 모두 돌아가셨고 이제는 내가 어머니 나이만큼의 세월을 살고 있다. 내가 이 사회의 일원으로서 가족을 위해서도 나이 들어도 잘사는 방법을 준비해야 하는 나이가 된 것이다.

나의 형님은 쉰 중반이 넘은 나이에 간호조무사 자격증을 땄다. 작은 식당부터 규모가 좀 큰 식당까지 운영하다가 나이 먹으니 안정되고 남에게도 도움이 되는 일을 하고 싶어 했다. 형님의 친정어머니도 힘든 일을 하시며 큰아들은 의사를 만들고 작은아들은 사업으로 크게 성공을 했는데 못내 고생하는 형님이 마음에 걸려서 모아둔 용돈을 학원비로 내놓으셨다. 형님은 그래서 마음 편히 공부를 할 수 있다고 했다. 쉰이 넘은 딸의 공부 뒷바라지를 하는 어머님은 오히려 기뻐하셨을 것 같다. 부모의 자식 사랑이 어디까지인지 가늠이 안 된다.

다행히 일 년 만에 자격증을 따고 지금은 노인주간 보호센터에서 일하신다. 형님은 나에게 항상 월급 타서 생활하니 너무 마음이 편해서 좋다고 한다. 예전에는 불규칙한 수입과 고단한 생활이 너무 힘들었는데 이제는 너무 만족한다고 한다. 어언 예순이 되었지만 칠순까지는 마음만 먹으면 일할 수 있어서 노후에 대한 걱정도 줄었다며 환해진 모습이 보기가 좋다.

이렇게 이제는 누구나 나이 들어서도 일을 갖고 싶어 한다. 나 또한 일이 없는 나를 상상하기도 싫다. 나이 들면 돈이 필요해 일하는 사람도 있지만 일자리가 필요해 일하는 사람이 더욱 많아지는 추세이다. 일이 없어서 초라하게 늙어가는 것보다 일하며 멋지게 늙어가고 싶다. 오죽하면 나이를 먹어서 늙는 게 아니라 꿈이 없을 때 늙는다고 할까.

누구에게나 꿈은 있다. 하고 싶고 이루고 싶은 꿈이 있지만 그 꿈을 위해 노력하는 사람은 얼마나 될까. 나이 들어감에 따라 현실에 안주하며 나이 탓을 하며 꿈은 꿈으로만 간직하는 사람도 많을 것이다. 내가 좋아하는 99세에 시인이 된 시바타 도요뿐만 아니라 68세에 치킨회사인 KFC를 창업한 커널 센더스 등 자신의 꿈을 포기하지 않고 끊임없이 꿈을 위해 달려온 수많은 사람들이 있다. 수많은 역경을 이겨내고 자신의 꿈을 달성한 사람들을 보면서 또 다른 용기를 얻는다.

나도 어떤 일을 하거나 하고 싶을 때 이젠 나이가 너무 먹은 건 아닐까 하면서 망설인 게 한 두 번이 아니다. 지금 생각하면 지금보다 그때가 훨씬 어렸고 젊었었다. 가끔씩 그때라도 했다면 정말 좋았을 거라는 후회를 한다. 꿈을 이루기에 너무 늦은 나이란 없다. 늙었다고 생각할 때라도 시작을 해야 한다. 그래야 나중에 나이가 먹었을 때 그때라도 시작했으니 다행이라고 생각하게 되지 않을까?

인생에서 무엇을 하기에 늦은 나이란 없다. 자신이 이루고 싶은 꿈과 목표만 있다면 나이쯤은 대수롭지 않다. 나이 많다고 핑계를 대는 것은 결국은 마음이 늙었기 때문일 것이다. 사람은 나이를 먹어서 늙는 게 아니라 꿈을 잃었을 때 비로소 늙는다고 한다. 꿈을 이루는 데는 나이가 아니라 의지가 중요하다는 말일 것이다. 그래서 나도 용기를 내었다. 노년에 나는 내가 원하는 일을 하며 늙어갈 것이다.

나와 친분이 있는 어떤 분은 지금도 70이 넘은 나이에 직장을 꾸준히 다니신다. 그분 늘 하시는 말씀이 친구들이 이제 그만 놀면 안 되냐며, 언제까지 일만 하냐며 핀잔을 한다고 한다. 물론 주말에는 골프도 하고 여유 있는 생활을 하는데도 일하는 자신을 이해해주지 않는단다. 그러나 자신은 지금도 불러 주는 데가 있어서 너무 즐겁게 일한다고 한다. 젊어서 유학 가서 배워온 기술이 나이 들어서도 요긴하게 쓰이는 기술이어서 본인은 너무 즐겁게 일하는 것 같았다. 내가 보기에는 너무 멋있어 보인다. 그렇게 일하는 모습이 멋있어 보이는 것은 당연한 것 아닐까? 노년에도 일할 수 있다면 그만한 축복이 또 있을까. 돈 버는 수단뿐만이 아니라 일 자체에 의미를 두고 즐거운 마음으로 일한다면 일하는 노년이 더욱 아름다워질 것이다.

그리스 속담에 "노인들이 자기들은 그림자 아래서 쉬지 못할 것임을 알면서 나무를 심을 때 그 사회는 성숙하게 된다."라는 말이 있다. 그래서 더욱 일하는 노년이 아름답다.

조화로운 인간관계를 가져라

세상 살아가면서 늘 행복할 수만은 없을 것이다. 세상을 살아가면서 여러 사람들과 어울려야 하고 그 사람들과 좋은 관계를 가져야 한다. 우리는 살아가면서 많은 사람들을 만난다. 사람들과의 관계가 행복한 마음과 불행한 마음을 만들어 낸다.

사람과의 관계가 힘들어서 사는 걸 힘들어하는 사람을 많이 보았다. 우리는 곳곳에서 사람들과 부딪힌다. 하긴 이 나이가 되어서도 가장 나를 힘들게 하는 부분이 사람과의 관계이다. '내가 가까이 가도 될까? 아니면 저 사람이 나를 싫어하면 어쩌지?' 하는 생각에 쉽게 다가가지 못한 경우도 많다.

"무엇이든 남에게 받고자 하는 대로 너희도 남을 대접하라."라는 성경 구절이 있다. 다른 사람이 나에게 해주었으면 하고 바라는 것과 같이 다른 사람에게 그렇게 해주라는 뜻일 것이다. 결국 내가 원하고 바라는 것이 다른 사람도 바라고 있을 것이라는 것이다. 조화로운 인간관계는 주는 마음에서부터 시작된다. 받고자 하는 마음이 앞서면 상대는 문을 열어 주지 않는다. 주려고 하는 마음이 열린 마음이다.

같이 일하는 친구는 늘 주려고만 한다. 그 친구 주변에는 사람이 끊이질 않는다. 늘 밝고 에너지가 넘친다. 손도 크다. 뭐든 엄청 많은 양을 해가지고 와서 나누어준다. 가끔씩 놀랍다. 나는 그럴 만한 깜냥이 안 되는 것 같아 부럽기까지 하다. 저녁이 되면 전화로 일일이 챙긴다. 오늘은 기운이 없어 보이던데 괜찮은지, 오늘은 기분이 안 좋아 보이던데 무슨 일이 있었는지, 작은 것이라도 허투루 놓치는 법이 없다. 항상 주변을 보살피고 챙긴다.

그러다 보니 본인은 늘 아프단다. 시간만 나면 한의원으로 달려간다. 가끔은 준 것만큼 돌아오지 않음에 서운해해도 줄 수 있다는 만족감이 더 큰 것 같아 보인다. 힘들어 보여도 행복해 보이는 것 또한 사실이다. 역시 사람은 사람들과 어울리며 살아야 행복한 것 같다.

조화로운 인간관계를 만드는 방법을 찾아보니 다음과 같은 글이 눈에 띄어 적어본다.

첫 번째, 아무리 미워도 적을 만들지 말라는 것이다. 한 명의 적은 당신의 성공을 방해하는 훼방꾼이 될 것이기에 적을 만드는 데 시간을 낭비하지 말고 어떻게든 내 편으로 만들 수 있는가를 고민하라는 것이다.

두 번째, 타인이 나와 다르다는 것을 이해하라는 것이다. 상대가 나와 다르다는 것을 인정할 때 마음의 평화가 찾아온다고 한다. 나와 의견이 다르다고 버럭 화를 내는 것은 미성숙한 사람들이 하는 짓이다.

세 번째, 타인과 상황을 빠르게 이해하고 포용하라는 것이다. 모든 사람들은 상대방의 가치를 측정하는 잣대를 가지고 있기 때문에 그 판단에 있어서 오류를 범할 수 있다고 한다. 그 잣대는 스스로 만든 것이기에 더 위험할 수 있다. 나 또한 그런 사람이 아닌가 생각해봐야 한다.

네 번째, 진정으로 중요한 일에 초점을 맞추라는 것이다. 자신이 추구하는 일에 집중하라는 것이다. 작은 일을 가지고 시간을 낭비하지 말라는 것이다.

다섯 번째, 화나고 속상할 때 마음을 다스리는 법을 알아두라는 것이다.

참자, 참자 세 번을 외쳐 보든지 세월이 약이라든지, 언제나 지나가는 일이라고 마음을 달래본다.

이렇게 생각하니 마음이 훨씬 가벼워졌다. 내가 바라는 것 또한 상대방도 바라고 있다는 것도 알게 되었기 때문이다. 또한 조화로운 인간관계란 주는 마음에서 시작된다는 것도 알게 되었다.

나의 언니는 며칠 전 수술을 받고 요양 중이다. 언니는 언니가 사는 그 지역에서는 유명 인사이다. 늘 바쁘고 힘든 와중에도 김치를 담그면 이웃부터 온 동네 사람들에게 퍼주기를 좋아한다. 뭐든 듬뿍듬뿍 해서 나누어준다. 그러니 동네 사람들도 모두 좋아한다. 김장할 때도 어마어마한 양에 놀라고 동네 사람들이 모두 와서 같이 일하는 데 또 놀란다. 우리 형제들도 한번 가면 차 트렁크에 이삿짐처럼 싣고 온다. 언니의 큰 손이 유감없이 발휘된다.

그런 언니가 아프다고 하자 온 동네가 걱정에 싸였다. 내가 생각해도 지나치다 싶을 정도로 모두 걱정하고 염려해준다. 나는 이것 또한 언니가 가진 조화로운 인간관계의 한 장면이라고 본다. 주기 좋아하는 마음의 법칙이 결국은 받을 수 있는 마음으로 돌아온 것이다. 언니는 하루 빨리 내려가려고 안달이다. 동생들과 자식이 있는 이곳보다 동네 사람들을 더 그리워하고 있다.

나는 한동안 다른 사람으로 인해 상처 받아서 사람들을 멀리한 적이 있다. 믿고 오랜 시간을 같이 했는데 너무 실망한 나머지 한동안은 사람에 대한 불신으로 사는 게 고통스러웠다. 살면서 사람과의 관계만큼은 자신 있었다. 믿고 의지했다. 그러나 내가 할 수 없는 일이 있다는 것도 알게 되었다. 사람은 누구도 장담할 수 없는 일이 생긴다. 마음이 틀어지니 사람과의 관계도 회복하기 어려운 상태로 간다는 것도 알게 되었다. 절대 용서할 수 없다고 다짐했다. 부정적인 생각은 결국 나에게도 회복할 수 없는 상처로 돌아왔다.

그러나 지금은 마음이 달라졌다. 나 자신이 무언가 부족했기에 생긴 일이라는 걸 깨달았다. 내가 미워하면 미워하는 마음이 따라오고 내가 사랑하면 사랑하는 마음이 따라 온다는 마음의 법칙을 이해하게 되었다. 내 마음속에 있는 불신과 불만으로 가득 찬 부정한 생각이 상대편의 마음에도 똑같은 불신과 반감으로 가득차서 결국은 돌이킬 수 없는 지경까지 가게 한 것이었다. 만일 지금이라면 나는 그렇게 행동하지 않았을 것이다. 이제 나는 그의 건강과 성공을 마음을 다해 기원한다.

조화로운 인간관계의 가장 최악은 부정적인 생각이다. 부정적인 생각은 마음의 독약을 씹는 것이다. 부정적인 생각은 파괴적일 뿐만 아니라 생활의 활력과 힘도 빼앗아 간다. 결국은 인생에 있어서 고난과 질병도 몰고 온다. 사람의 생각은 창조적인 것이다. 실제로 생각하고 느끼는 것은 자기 자신과 다른 사람에게도 똑같이 부여가 된다. 따라서 다른 사람에 대해 늘 올바르게 생각하고 느끼고 행동하도록 노력해야 한다.

남에게 보여주는 착한 일 또한 같은 방법으로 나에게 다시 돌아온다. 또 다른 사람에게 보여주는 악한 일 역시 마음의 법칙에 따라 되돌아온다. 따라서 다른 사람에 대한 생각이나 느낌은 결국 모두 되돌아온다는 것을 잊지 말아야 한다.

사랑이 없는 사람의 인격은 병들어 죽게 된다. 어떤 사람이든 사랑을 받고 감사함을 느끼며 인정받고 살기를 원한다. 다른 모든 사람들도 자기 자신의 참된 가치를 알고 이 사회가 필요로 하는 존재가 되기를 원한다. 따라서 모든 사람들에게 사랑과 선의를 베풀어야 한다.

만일 누구를 원망하거나 질투하거나 분노가 느껴질 때는 사랑의 마음으로 상대의 입장에서 생각해 보아야 한다. 그러면 사랑하며 아끼는 마음이 생길 것이다. 사랑이란 건강과 행복과 마음의 평화에 대한 법칙을 실현하는 것이며 스스로를 사랑하는 법을 배우면 진심으로 남을 사랑할 수 있다. 남을 진정으로 사랑하는 사람은 어떤 사람들과도 함께 할 수 있는 사람이다. 즉, 사랑은 조화로운 인간관계를 만드는 가장 좋은 방법이 될 것이다.

나는 앞으로도 나쁜 생각은 하지 않을 것이다. 나와 의견이 다르다고 화내지도 않을 것이다. 남을 섣불리 비판하지도 않을 것이다. 다른 사람에 대해 내 맘대로 판단하거나 결론을 내리는 오류를 범하지 않을 것이다. 모든 것은 나에게 되돌아온다는 것도 알았으니 오직 변화해야 할 것은 나 자신뿐이라는 것도 알았다. 여러 번 강조해도 지나치지 않는 것은 조화로운 인간관계란 주는 마음에서 비롯된다는 것이다. 내 것을 고집하지 않고 남의 것을 받아들이는 마음이다. 늘 조화로운 인간관계를 갖기 위해 노력할 것이다.

어떤 얼굴로 늙고 싶은가

"헐!!! 내 얼굴 맞아?"

어느 날 갑자기 거울 속의 내 얼굴을 보던 나는 깜짝 놀랐다. 미간에 자리 잡은 커다란 주름이 제대로 자리를 잡고 입가는 밑으로 처져서 누가 보기에도 생활고에 시달리는 중년 아줌마의 모습이었다. 하긴 몇 해 동안 내 얼굴을 돌아볼 시간과 마음의 여유도 없었다. 하루하루 버티며 살아내기도 바빠서 얼굴이나 내 몸에 신경 쓸 여유가 없었다.

나는 늘 고민을 해왔다. 과연 나는 어떻게 늙어 갈 것인가. 늘 사십이 넘으면 자신의 얼굴은 자신이 책임져야 한다는 말을 알고 있었다. 그러나 생존의 늪에 빠져 있을 때는 그런저런 생각조차 할 수 없이 시간이 흘러가버렸다. 내가 늙어가고 있다는 것도 몰랐다. 갑자기 거울 속에 내 모습이 나를 충격 속으로 몰아넣었다. 어느 사이 눈 사이에 굵은 주름이 세로로 자리 잡고 있었기 때문이다. 세파에 시달리며 마음속에 한가득한 근심과 걱정이 얼굴 주름으로 모습을 드러낸 것이다. 내가 원했던 모습이 아니라 내가 가장 염려했던 얼굴이 거울 속에 있었다.

물론 주름살은 내가 살아온 세월이 새겨진 훈장이다. 사실 부끄러워할 까닭은 없다. 그런데도 어느 사이 얼굴 가득해진 주름을 보니 마음이 편치 않았다. 얼굴이야 말로 한사람이 살아온 삶과 사고방식 삶의 궤적을 고스란히 담아내는 그릇이라니 고민이 되었다. 다행히 아직은 내 얼굴에 담기는 그 모든 것을 스스로 만들어 갈 수 있다는데 위안을 받았다. 아직은 늦지 않았다는 생각이 들었다.

나는 박완서 작가를 너무 좋아한다. 그 고운 미소가 지금도 눈에 선하다. 나이 들어 그렇게 고운 할머니로 늙어간다면 참 행복한 일이겠다 싶다. 본인은 그리 순탄한 삶을 산 것도 아닌데 맑고 순수한 모습으로 보였다. 젊었을 때보다 더 감동을 주는 얼굴 모습이었다. 나이 들어 지니게 되는 모습이 어느 한순간에 만들어지지 않는다는 게 얼마나 다행스러운 일인지.

나에게는 고모가 한 분 계셨다. 아버지 형제 중에 가장 손위셨다. 키가 작은아버지 형제들에 비해 큰 키에 여장부 같은 체격을 가지신 분이었다. 외모와 달리 너무 착하고 여린 분이었다. 같은 용인에 살아도 제법 먼 곳에 사셔서 자주 볼 수는 없었다. 나이 들어서는 할머니를 닮아서 허리가 구부러지신 모습이었다.

고모가 오시면 오빠들은 모두 좋아했다. 아버지도 고모가 오시면 너무 좋아하셨다. 하나뿐인 누이에 대한 사랑이 남다르셨다. 인자하고 너그러우신 성품이 엄하고 사나운 어머니와는 많이 달라서 모두 고모를 좋아했다. 집에 오면 집안일도 거들고 조카들도 살뜰히 챙기셨던 키가 크신 고모가 눈에 선하다.

아버지가 돌아가시고 집에 오셨을 때 곱게 빗은 머리와 덩치에 어울리지 않게 조용한 목소리를 지닌 고운 할머니로 나이 들어가고 계셨다. 옥색 한복을 입고 오셨는데 나이 들어도 기품 있는 모습이었다. 아랫목에 앉아 어서 오라고 반갑다고 손짓하는 모습이 눈에 아른거린다. 지금 생각하니 그렇게 나이 든 얼굴도 나쁘지 않겠다는 생각이다.

나이 든다는 것은 어쩌면 모든 것과 멀어지는 일이다. 어머니가 돌아가시고 나서 오빠들과 헤어질 때 둘째 오빠는 이렇게 말했다.

"이렇게 우리도 이제는 멀어지는 거야. 어쩔 수 없이 점점 멀어지는 거란다."

어머니가 돌아가시고 나니 모든 게 허망해서 한 말인데도 나는 그 말을 인정하기가 싫었다. 아직은 오빠들과 멀어지는 게 싫은 어린 여동생의 마음이었다. 하지만 지금은 어쩌면 그게 맞는 말이라는 생각이다. 얼마 전 언니가 수술을 한다고 큰오빠에게 전화하니 오빠도 그렇게 말했다.

"큰일이구나. 다들 아플 일만 남았구나. 그래, 이제 나이가 있으니 자꾸 그렇게 멀어지는 거란다. 이제는 누가 가도 어색하지 않은 나이가 되었지."

안타까움이 배어나는 한숨소리가 들렸다. 멀어지는 만큼 가까이 하고자 하는 열망이 커지는 것도 사실이다.

"어머, 언니. 호호 할머니 같아요."

한껏 차려 입고 간 원피스를 보더니 나에게 친한 동생이 말했다. 아이들 만화 영화에 나오는 호호 할머니를 비교해서 당황스러웠다. 집에 손주들이 있어서 할머니 소리가 영 어색한 것은 아니지만 밖에서도 할머니로 불리는 것이 썩 기분이 좋은 일은 아니었다. 더구나 비싼 값을 주고 산 옷을 입고 갔는데 할머니라니 살짝 서운한 마음이 들었다. 내 얼굴 표정을 보더니 "언니, 너무 예쁘다는 말이에요. 호호 할머니가 얼마나 예쁜데요." 하면서 둘러댄다. 아이들이 어렸을 때 늘 틀어주던 만화였으니 나도 호호 할머니는 익히 알고 있는 캐릭터였다. 통통한 할머니가 호호 웃으며 작아지면 초능력이 나타나는 캐릭터이다. 허리가 두터운 내가 원피스를 입으니 꼭 할머니처럼 보였나보다. 그래도 순수하고 아이들과 잘 놀아주는 마음씨 좋은 할머니라 기분이 나쁘지는 않았다. 그렇게 귀여운 할머니 모습처럼 늙는다면 좋을 듯하다.

잘 늙는다는 것은 성공적인 노화이다. 질병과 장애가 없고 정신적으로나 신체적 기능도 정상적이며 인생 참여도 계속할 수 있는 것을 말한다. 건강한 몸과 건강한 마음을 가진 사람은 어느 곳에서나 환영을 받는다. 나이 들어가면서 지니게 되는 얼굴은 어느 한순간에 만들어지지 않는다. 얼굴 주름살 하나에도 나이 듦의 의미가 새겨져 있을 것이다. 아름답고 건강한 얼굴이라면 그것은 어쩌면 인생에 있어서도 성공했다는 것을 뜻하는 것일 수도 있다. 그런 사람은 웃는 얼굴, 웃는 입, 웃는 눈이 아름다운 것도 당연한 일일 것이다.

결혼을 하고 반찬거리를 사러 시장엘 나갔다. 그때는 장보러 간다면 남문시장으로 가야 원하는 물건을 살 수 있었다. 버스에서 내려 시장 입구로 가는

데 저만치 낯익은 모습이 보였다. 막내딸을 결혼시키고 허전함과 서운함을 달래고 계신 어머니를 느닷없이 보게 된 것이다. "어머니! 웬일이세요?" 했더니 어머니도 갑자기 나타난 딸을 놀란 얼굴로 바라보셨다. "그냥, 심심해서." 하며 얼버무리는 어머니의 모습은 내가 이제까지 본 모습 중에 가장 아름다운 모습이었다. 롱 치마에 조끼를 멋들어지게 입은 모습이었다. 막내인 나를 결혼시키고 모처럼 한가한 모습의 어머니는 여유로워 보였다. 늘 자식들 뒷바라지에 예쁜 옷 한번 제대로 못해 입던 어머니가 그날은 너무 편안해 보였다. 특별한 볼일도 없이 혼자만의 시간을 갖고 싶어서 시골에서 버스를 타고 시장엘 오신 것이다.

여유롭게 과일을 고르던 어머니가 나에게는 신비한 모습으로까지 보였다. 사람은 얼마든지 형편과 마음의 여유에 따라 다른 모습을 보일 수 있다는 것을 알게 된 날이었다. 삼십년이 지난 지금도 그때 그 모습이 내 머리 속에서 떠나질 않고 선명하게 남아 있다. 항상 힘들고 고단해 보이던 어머니가 너무 멋져 보였던 날이었다.

아주 어린 시절 어머니가 이웃의 아줌마와 머리끄덩이를 잡고 싸운 적이 있다. 아침에 일어나니 시끌벅적한 소리가 들려 밖에 나가보니 대문 밖 마당에 있는 잿간에서 서로 머리를 잡고 계셨다. 이웃에서 아저씨나 아줌마나 다 친하게 지내던 분들인데 그렇게 싸우는 모습은 너무 웃기기도 하고 웃을 수도 없는 모습을 하고 계셨다. 무엇 때문에 그러셨는지 나는 지금도 모른다. 다음날 아저씨가 오셔서 사과를 하고 며칠 지나면서 예전처럼 친하게 지내셨다. 내가 아는 어머니는 누구에게도 지기 싫어하고 생활력 강하고 무섭고 지독한 여자였다. 여유로운 모습을 본 적이 별로 없었다. 그런 어머니의 여유롭고 한가한 모습이 나에게 쉽게 지우지 못하는 사진처럼 내 가슴에 남아 있다.

이제는 내가 그때의 어머니 나이가 되었다. 어느새 나도 어머니처럼 늙어가고 있다. 어머니를 창피해 한 적도 있었다. 우리 엄만 왜 저럴까 미워한 적도 있었다. 왜 어머니는 친구 어머니처럼 깔끔하지 않을까. 왜 우리 어머니는 맨날 돈, 돈 할까 하며 어머니 가슴에 못 박은 적도 있었다. 하지만 지금 내 모습은 어머니의 모습을 닮아 가고 있었다.

지금은 주름이 늘어가는 내 모습이 놀랍고 내가 원하던 모습은 아니다. 세월이 흘러 더 나이를 먹게 되어도 나는 어머니의 사랑과 삶의 태도를 잊지 않고 늙어 갈 것이다. 그래서 내가 아름답다고 느꼈던 어머니의 모습이 내 안에서 여유롭게 자리를 잡게 할 것이다. 나는 그런 얼굴로 늙어갈 것이다.

05

나이 들수록 마음을 열어라

"나는 나이를 먹을 줄 몰랐는데 벌써 이렇게 됐네. 어릴 적 꿈들은 기억조차 나지 않아. 지금은 앞만 보며 그저 살아가잖아. 시간은 소나기야. 잠시 금방이야."

〈나이〉라는 노래의 가사이다. 나이 들면서 나도 이렇게 나이든 사람이 될 줄 몰랐다. 지나온 시간이 꿈만 같다. 그러나 충분히 예견했던 일이며 닥쳐오는 일상이었다. 그런데 나는 정말 내가 쉰이 넘은 나이까지 살 줄 몰랐다. 특별히 아프거나 다치지 않았는데도 마음속에는 늘 그 나이까지 살아 낸다는 자신감이 없었다. 나이에 대한 준비가 없었다. 마음의 준비 등 아무것도 하지 않았다. 그러던 나는 어느새 인생의 반을 넘긴 사람이 되었다.

얼마 전 아는 친구를 만났다. 요즘 재미있으시냐고 하기에 나의 입에서 나온 말은 “설레지 않아서 '이래도 되나? 아니면 그만 해야 하나?' 해.”였다. 그러자 그 친구는 “풋.” 하고 웃었다. 그러면서 말했다.

“아니, 아직도 그 나이에 설렘을 찾아요?”

약간 비웃는 듯한 반응이 나를 심란하게 만들었다. 그건 내 진심이었다. 아침마다 설레고 즐거운 삶을 살아야 하는데 그런 느낌이 들지 않는다면 삶을 정비해야 하는 것 아닐까?

“어머니, 도시락 반찬 가져가세요.”

아침마다 도시락 반찬을 건네주는 며느리가 고맙다. 매일같이 도시락 싸는 게 쉬운 일이 아닐 터인데 단 한 번도 귀찮은 기색이 없다. 사람들은 요즘 세상에 그런 며느리가 있냐며 신기해하기도 한다. 그런데 요즘 세상에 그런 며느리가 있다. 나도 다른 건 몰라도 며느리, 사위 복은 자랑한다. 이제 십 년은 아직 안 되었지만 늘 한결 같은 며느리가 이제는 삶의 의지처이다. 처음에는 음식을 전혀 못하더니 이제는 뭐든 척척 해낸다. 큰집 식구든 이모네 식구든 누구와도 막힘없이 그 많은 음식을 혼자서 한다. 이제는 주방에 내가 설 일이 없다. 시할머니 생신상을 차린걸 보고 모두가 감탄 일색이었다. 아이들에게도 지극정성이다. 셋이나 되는 아이들을 짜증 한번 없이 골고루 잘 대해준다. 아이들 얼굴이 모두 해맑다.

요즘은 모이면 세상 여자들은 여러 가지 이야기를 한다. 아파트 이름이 어려운 것이 시어머니 못 찾아오게 하려고 했다는 둥 그랬더니 시누이를 데리고 온다는 둥 이런저런 고부간의 웃지 못할 이야기가 세상에 퍼져 있다. 얼마 전 형님과 통화를 하면서 친구가 아들 월급이 얼마냐고 며느리한테 물으면 안 되는 세상이라 한다고 동서는 아느냐고 물으신다. 나도 당연히 모른다. 그건 알고 싶지 않다고 실직한 아들의 월급을 어찌 말할까 하고 말았다. 생각하니 그 가운데도 착한 며느리는 지극정성으로 아들과 아이들에게 잘한다. 시누이가 왔다가 갈 때는 반찬을 양손에 가득 만들어 보낸다. 나보다 더 챙긴다. 나는 어느새 옛날 말로 뒷방 늙은이처럼 되었다. 그래도 별로 기분이 나쁘지 않다.

사실 장점만 있고 단점이 없는 사람이 어디 있을까. 하지만 나는 며느리의 단점이 별로 눈에 들어오지 않는다. 까짓것 정리야 찬찬히 하면 되지 아이가 셋이나 되는데 이 정도야 뭐가 대단한 일이라고 하면서 넘긴다. 사람들은 같이 사는 나도 이해가 안 되고 요즘 아이들 같지 않은 며느리도 대단하다 한다. 엊그제도 아들을 죽어라 공부시켜서 장가보냈더니 집 비밀번호도 안 가르쳐준다며 눈물을 글썽이는 친구를 보았다. 요즘 세상이 부모가 설 자리가 없어지는 세상이 되었다. 희한한 세상이 되었다며 한탄한 지는 어제 오늘 일이 아니다.

세상의 변화에 적응해가는 것도 마음을 여는 방법이 될 것이다. 이제는 내가 살아온 방식, 나의 생각만 고집하며 살면 안 된다. 내가 받았던 시어머니의 방식도 안 될 것이다. 예전의 우리들은 "감히 내 아들과 살면서…" 같은 말을 늘 듣고 살았다. 아들과 사는 며느리가 더 대우해주고 시어머니에 대한 존경을 하라는 뜻이었을 것이다. 이런 말을 들으면서도 나도 귀한 딸인데 하는 말을 입 밖에 내보지도 못했다. 그러나 세상은 이미 달라졌다. 며느리가 오히려 큰소리치는 세상이 되었다. 애지중지 키워온 아들이 이제는 내 아들이 아니고 며느리의 남편이라는 것을 인정해야 한다. 대부분의 시어머니들은 아들이 잘 살기만을 바라며 억울해도 참아야 하는 세상이 된 것이다.

어느 날인가 버스를 탈 일이 있었다. 버스 안에 자리는 없었다. 잠깐만 타고 가면 되는 거리여서 서 있어도 별로 문제가 없었다. 그런데 갑자기 자리에 앉았던 중학생이 벌떡 일어나며 앉으라고 했다. 나는 깜짝 놀랐다. "아니야, 학생, 괜찮아." 해도 본인은 금방 내릴 거라며 굳이 앉으란다. 어쩔 수 없이 앉아 있어도 심란한 마음이 내내 가라앉지가 않았다.

그날 버스에 내려서 걸어가면서 웃음이 나왔다. 내가 이미 나이 들어 버렸다고 인정해야 하는 현실이 믿어지지 않았다. 이미 다른 사람 눈에는 나이 들어 자리를 양보받아야 하는 나이가 된 것이다. 밤새 뒤척이며 쉽게 잠들지 못했다.

예전 어르신들 말씀에 마음은 청춘이요, 몸은 천근만근이라는 말씀이 너무 마음에 와 닿았다. 이제는 어느 틈에 세상살이에서 점점 밀리고 있다는 생각이 들었다. 나는 아직 할 일도 많고 하고 싶은 일도 많은데 자꾸 밀어내는 느낌이 들었다. 이미 나이 든 아줌마라고 부르기도 할머니라 부르기도 애매한 나이가 되어버린 나에게 자리를 양보하려는 학생도 조금은 고민이 되었을 거라고 생각하니 미안한 마음도 들었다.

가만히 생각하니 지금의 내 나이면 동네에서도 정말 할머니였다. 우리 어머니가 예순이었을 때 막내인 내가 결혼을 했으니 그때는 어머니를 아예 할머니로만 생각했었다. 그런데 이제 그 나이가 된 내가 나이를 부정하고 싶어 하니 참으로 어처구니없다는 생각이 들었다. 하긴 요즘은 60세부터 70까지는 젊은 노인이라 한다. 70에서 80까지는 보통 노인 80에서 90까지는 늙은 노인이라 하니 젊다는 말에 위안을 삼아야 할 듯하다.

요즘 따라 남편의 구부정한 허리가 자꾸 눈에 거슬린다. 나는 제발 몸 좀 피고 다니라고 잔소리를 한다. 이젠 환갑밖에 안된 사람이 왜 이리 할아버지처럼 하고 다니냐며 이유 없이 화를 낸다. 그러면 남편은 '이 사람이 왜 이러지?' 하면서도 최대한 몸을 펴 보인다.

나는 아버님은 80이 되셨을 때도 그런 모습을 보인 적 없다며 아버님 반만이라도 닮아보라며 핀잔을 준다. 아버님은 6 · 25참전까지 20년 넘게 군 생활을 하셨으니 절도 있는 생활이 몸에 밴 분이셨다. 남편과 결혼하고 30년 동안 한 번도 술을 드시는 걸 본 적도 없다. 철저하게 관리를 하시고 건강하게 사셨다. 흐트러진 모습을 뵌 것은 돌아가시기 전 몇 달이 전부였다.

시골에서 하는 농사일이 다 몸으로 하는 일이라 허리에 병이 생긴 남편에게 가끔씩 볼멘소리를 해댄다. 아버님을 본받으라고, 아니, 아버님처럼 부지런하라고. 그러다가 나도 웃는다. "나는 아버지가 아니잖아." 하는 남편이 괜히 딱해 보여서다. 이제는 애정이 아니라 동지애로 산다는 말이 틀린 말이 아니라는 생각도 든다. 이제는 누구보다 의지하는 사람이 되어버린 것이다.

"왜, 무슨 일 있어?"

이제는 전화 목소리만 들어도 기분이 좋은지 나쁜지 아는 사이가 되었다.

30년을 넘게 사니 무슨 생각을 하는지 무엇이 아프게 하는지 다 아는 사이가 되었다. 우스운 소리로 내가 전화 목소리로 술을 얼마나 먹었는지 맞히면 본인도 깜짝 놀란다. 내가 전화한 이유가 기운이 없거나 힘든 기색이 있으면 농으로 기분을 풀어주는 것도 남편의 몫이다. 이제는 나에게 목소리만 들어도 힘이 나게 하는 존재가 되었다. 술 먹고 늦게 들어온다고 구박했던 젊은 날이 오히려 지나간 추억이 되었다.

무엇이든 한다면 격려와 응원을 아끼지 않는다. 할 수 있다며 힘을 보태준다. 나이 들어가면서 진정한 동무가 생긴 것 같다. 많이도 싸웠다. 그래도 지나고 보니 추억이 새롭다. 신혼에는 주도권을 잡기 위해 싸우고 아이들이 사춘기일 때는 아들과의 갈등으로 싸웠다. 그러면서 나이가 들었고, 이제는 서로의 장점만이 아니라 단점까지 이해하는 사이가 된 것이다. 그렇게 늙어간다는 것에 내 마음을 연다. 이제는 내 삶의 한부분이 된 남편과 아이들 그리고 며느리, 그리고 나이 들어버린 나에게도 마음을 열어본다.

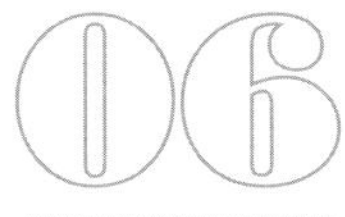

자식에게 의지하지 마라

자식에게 의지하면서 산다면 다들 웃는다. 요즘 세상에 자식한테 의지하는 사람이 어디 있냐며 모두가 싫어하는 세상이 되어버렸다. 나 또한 자식에게 의지하며 산다는 것은 말도 안 되는 일이라고 말하고 싶다. 그래도 자식이 편안해야 부모인 내가 편안하니 모른 체할 수는 없다.

부모는 늘 자식에게 주는 입장이다. 자식에게 준 것은 계산하지 않는다. 그러나 자식은 그렇지 않다. 부모에게 주는 것을 일일이 기억한다. 본인의 자식에게 준 것은 셈하지 않으면서 부모에게 준 것은 잊지 않고 기억해두었다가 언제 얼마 썼다며 메모해둔다.

시아버님은 이북에서 혼자 오신 분이라 자식에 대한 애정이 남다르셨다. 혼자 이북에서 넘어오셔서 자식 사랑이 대단하셨다. 나는 나름 부모님한테 사랑 받고 자랐다고 생각했다. 그러나 아버님의 자식 사랑은 시골 사람은 볼 수 없었던 풍경이었다. 아버님은 취업 못한 아들에게 맘 편히 공부하라고 일 주일에 한 번씩 주급으로 용돈을 주시고 살림하는 시누이에겐 부족함이 없게 하셨다. 아끼고 절약하시며 자식들에게는 궁핍하지 않게끔 하셨다. 우리 형편으로 보기에는 너무 편하고 낯설기도 한 풍경이었다.

그렇게 아버님은 자식들에 대한 사랑과 기대를 표현하셨다. 덕분에 자식들은 그런대로 착하고 무리없이 잘 컸다. 결혼도 좋은 배우자를 만나 순탄하게 살았다. 그러나 아버님의 기대만큼은 아니었다.

아주버님은 자주 부도를 맞아 어려움에 처하고 우리는 화재로 힘들어했다. 아버님은 낙담하셨고 애지중지 키워온 자식들이 아버님의 생각만큼 큰 사람으로 커주지 못하는 것을 너무 속상해하셨다. 나는 옆에서 늘 죄송하고 죄인이 된 기분이었다. 아버님은 통장에 있는 모든 돈을 쏟아부었지만 역부족이었다. 망해 가는 자식을 아버님의 노후자금으로 해결하려니 건물도 정리해 빚을 갚았다.

다행히 군인연금이 있어서 아버님의 노후는 안정되게 보내실 수 있었지만 아버님의 실망은 이만저만이 아니었다. 노후에 자식에게 의지할 수 없는 형편이라는 것을 아셨다. 아버님은 모든 면에 의연하셨다. 자식인 내가 봐도 '나도 나이 들면 저렇게 매사에 초연할 수 있을까?' 하는 생각이 들었다. 어떤 때는 너무 침착하신 아버님에 대해 존경심이 들었다.

아버님은 자식들에게 할 만큼 했다고 생각하셨는지 그 다음부터는 자신을 위해 사시기 시작하셨다. 어느 날 전화를 안 받으시면 외국으로 여행을 가셔서 연락이 안 되는 것이었다. 삶에 허덕이는 자식들에게 미안한 마음에 연락도 안 하고 다니셨다. 가끔은 자식들은 죽겠는데 하며 야속한 생각이 잠깐 스치기도 했다. 그러나 나는 곧바로 마음을 고쳐먹었고, 당연하다고 생각했다. 평생을 자식들 위해 희생만 하고 살아오셨는데 그만한 인생의 보상은 받아 마땅하신 것이었다.

한참을 지나 안정이 되었을 때 아버님은 외국 다녀온 리스트를 뽑아주셨다. 연세가 많으셔도 복지회관에서 배우신 컴퓨터 솜씨가 우리보다 훨씬 뛰어나셔서 일목요연하게 정리를 해놓으셨다. 25개국이 넘는다고 하셨다. 지금 생각하면 얼마나 다행인지 모르겠다. 어려운 형편인 자식들만 바라보고 계셨으면 그 인생이 얼마나 허무하셨을까? 생각만 해도 가슴이 아플 것 같다.

단 한 번 아버님께 효도한 일이라면 금강산 여행을 시켜 드린 일이다. 처음으로 자식들이 시켜 드린 여행이라서 아버님은 너무 기뻐하셨다. 다녀오셔서 고맙다며 얼마나 좋아하시는지 내가 더 죄송한 마음이 들 정도였다.

지금 이렇게 생각하니 정말 자식한테 의지하지 말아야 한다. 진즉에 자식한테 미련 버리고 당신의 생각대로 사셨다면 훨씬 행복한 인생이었을 것이다. 오로지 부모 형제 없이 자식들에게만 인생의 모든 의미를 두고 사셨기에 아버님은 때로는 엄청난 고심을 하셔야 했다. 지금 이렇게 사는 것이 아버님의 희생으로 이루어진 것임을 잘 안다. 그래서 아버님이 더 그립고 감사하다.

한번은 텔레비전에 아버님 친구분이 나오셔서 깜짝 놀랐다. 아이를 많이 낳은 집을 소개하는 프로였다. 아버님 친구의 아들이 우리 결혼식 사진을 찍어주어서 낯이 익었다. 우리가 결혼할 때는 사진을 찍어주는 알바를 했는데 목사님이 되어 아이를 열둘이나 낳았다며 여러 아이들과 생활하는 프로였다. 그런데 수원에 사는 아버님이 병세가 깊어져서 내려 오셨다며 같이 생활하는 모습이 보였다. 아버님 친구가 화면에 비쳐서 우리는 반가웠다.

목에 수술을 하셔서 말씀을 못하시면서도 자주 아버님을 만나러 오시던 분이었다. 일찍 상처하여 혼자 지내시다가 아들네 집으로 내려가셨다 했다. 오로지 하나 있는 자식만 의지하며 사시던 분이었다.

그런데 얼마 후 방송 촬영 중에 돌아가셨다며 장례식 장면에 아버님 친구의 사진이 보여서 너무 놀랐다. 자주 오시던 분이 영정 사진으로 그것도 텔레비전에서 보다니 그때는 그 허무함을 이루 말로 표현하기 어려웠다. 아버님도 너무 안타까워하셨다.

사람은 언젠가는 죽으며, 영원히 사는 사람은 없다. 어떻게 살다 가느냐가 문제일 것이다. 살아보니 중요한 것은 최선을 다해 열심히 살아야 한다는 것이다. 지금도 내가 아버님을 그리워하고 있는 것은 열심히 살아내신 아버님에 대한 존경심이다. 또 내가 열심히 살고 있는 것은 부모님에 대한 그리움과 감사의 표시이다. 그렇게 고생하시며 살다 가셨는데 나도 내 자식들에게 부모님께 배운 대로 자식들이 잘 살아갈 수 있도록 가르쳐줘야 한다. 그래야 나중에 나를 생각하며 열심히 살지 않겠는가? 나는 부모님에게서, 내 자식들은 그 자식들에게로, 또 그 자식들은 그 자식들에게로 이어져 내려갈 것이다. 이 사랑의 법칙은 영원할 것이다.

자식이 자라서 행복하게 사는 것. 이것이야말로 모든 부모들의 목적이자 행복일 것이다. 자식들이 어려우면 모른 체하며 맘 편히 살 수 없다. 자식 또한 자신의 자식을 거두기 위해 부모만 생각하며 살 수 없다. 어느 정도 간격을 두고 살아야 한다.

그러나 나는 그렇게 하지를 못했다. 여러 사정이 있었지만 자식을 여태껏 끼고 살았다. 살아보니 나름 좋은 점도 많다. 아침에 일어나면 눈 비비며 제일 먼저 할머니를 찾아오는 손주들이 너무 예쁘다. 할머니가 세상에서 제일 좋다는 손녀딸도 너무 예쁘다. "한나니 조아, 한나니 조아." 하는 막내 손녀딸이 미치도록 예쁘다. 아침에 출근할 때 조르르 나와서 인사하는 모습도 너무 귀엽다. 저녁에 현관문 여는 소리만 나면 어떻게 들었는지 다들 달려나와 안긴다. 어찌 행복하지 않을 수 있을까? 너무 행복해서 '이게 사는 거지.' 할 때가 한두 번이 아니다.

그러다가 가끔은 지나치게 의존하는 아이들이 걱정이 된다. 내가 없어지면 어쩌나 하는 두려움이 든다. 내가 없어도 잘 살 수 있을까, 쓸데없는 걱정을 한다. 그것은 같이 사는 데서 오는 지나친 유대감의 피해인 것이다. 내가 없어도 너무 잘 살 텐데 쓸데없는 걱정을 한다. 나는 그래서 '이제는 나는 나대로 잘살 터이다.'라고 선포를 하려고 한다. 그러니 너희도 잘 살라고.

"어머니, 문 잘 잠그고 절대 문 열어주지 마세요."

퇴근 후 씻고 나와서 친구와 저녁 약속 있다고 잠깐 나가면서 신신당부를 한다. 며느리와 아이들이 친정에 간 이틀 동안 집에 혼자 있는 어머니가 영 못 미더운 눈치이다.

한편으로는 '아직 그럴 나인 아닌데…' 하는 생각이 든다. 한편으로는 괜히 기분이 좋다. 하지만 맘을 다잡는다. 더 이상 자식에게 의지하지 말자고 다짐한다. 부모 자식으로 의지하지 말고 독립된 개체로 살아내야 한다. 자식에게 의지한다는 것은 자식이 독립할 기회를 뺏는 것이다. 또한 나도 독립할 기회를 잃어버리는 것이다.

나이 들어 가장 좋은 것은 책임과 의무로부터 벗어나는 것이라고 했다. 나이가 들면 부모는 부모대로 자식은 자식대로 잘 살아주는 것이 가장 좋다고 한다. 나도 이제는 자식에게 지나치게 의존하는 마음을 버리려고 한다. 자식에게 의지하지 말고 놓아주려 한다.

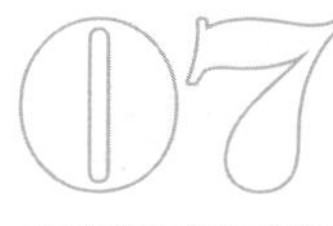

아무것도 하지 않음을 두려워하라

어느덧 나도 모르는 사이 예순이라는 나이가 되었다. 가만히 뒤돌아보니 여러 가지 일이 많았다. 때로는 기쁘고, 때로는 슬프고 후회되는 일도 많았다. 어쩌면 정말 눈이 부시게 아름다운 날을 살아내었다. 그래도 지금은 더 열심히 살았다면 하는 아쉬움이 너무 크다. 그래서 나는 지금도 목이 마르다. 밤에 잠 못 들고 이대로 가는 세월을 아쉬워만 할 수 없었다.

나는 어렸을 때 너무 오랫동안 트라우마에 시달렸다. "공산당이 싫어요." 하면서 죽어간 이승복이 내 머릿속에 지워지지 않아서였다. 내가 초등학교

1학년 때 크게 온 세상을 떠들썩하게 했다. 매일같이 라디오는 깜깜한 밤에 들이닥친 간첩들이 온 가족을 살해한 뉴스로 뒤덮였다. 나는 그 당시 어렸지만 어머니 아버지와 방에서 라디오로 연속극을 즐겨 듣던 아이여서 그 뉴스를 더 자세히 들을 수밖에 없었다. 너무 끔찍한 일이 계속 흘러 나왔고 학교에서는 반공 자료로 더 부채질을 해댔다.

나는 무서워서 잠이 들 수 없었다. 이유는 우리 집이 동네 입구에 있는 첫 번째 집이라 간첩이 넘어 오면 우리 집에 제일 먼저 온다는 공포심이 싹튼 것이었다. 어려서 우리 집의 지리적인 위치나 북한이 얼마나 먼 곳인지 등은 생각할 수 없는 나이였다. 나는 매일 공포에 떨며 잠을 잘 수 없었다. 혹시 공비들이 와서 어머니 아버지를 해하거나 오빠들을 해치면 어쩌나 하는 생각이 머리에서 떠나지 않았다. 지금 생각하면 말도 안 되는 일이었지만 나는 그때 죽을 만큼 힘들었다. 꿈에서도 늘 나타났다. 그 공포는 두려움으로 거의 고등학교 때까지 이어졌다. 누구한테도 말할 수 없는 두려움이었다. 초등학교를 졸업하고도 늘 무서웠다. 중학교 때 친구에게 말하니 "말도 안 돼." 하면서 웃었다. '왜 우리 집은 동네 첫 번째 집이지?' 하면서 부모님을 원망도 해보았다.

그 두려움은 결혼을 하고 내가 그 집을 떠나오면서 잊혀졌다. 하지만 그때 싹튼 두려움이 어쩌면 내 평생을 따라다니는 고질병이 되었을지도 모르겠다는 생각도 든다. 그러면서 '내가 이렇게 살아도 되나?' 하면서 늘 나를 채찍질

하게 되었다. 항상 '나 지금 이렇게 가만히 안주해도 되나?' 하는 생각으로 나를 괴롭혔다. 무엇인가는 해야 마음속에 있는 두려움이 사라졌다.

지금도 가끔씩 아무 것도 안하고 있으면 불안하다. 그래서 책을 읽고 무엇인가를 해보고 싶었다. 서점에서 책을 고르다가 『150억 부자의 부의 추월 차선』이라는 책을 고르게 되었다. 책을 보면서 용기를 내었다. 그리고 〈한책협〉을 찾아왔다. 아니, 도사님의 책을 보고 용기를 내어 문을 두드렸다. 이 나이에 무엇을 또 한다는 것은 또 다른 모험이지만 지금 안 하면 평생 못 할 것 같아서 용기를 내었다. 지금은 또 다른 두려움과 공포가 나를 억누르고 있다. 너무 대단하고 깜짝 놀랄 만한 사람들이 너무 열심히 살고 있다는 것을 알았기 때문이다.

'과연 나는 그동안 무엇을 하며 살았는가?' 하는 자책이 들어서 한동안 괴로웠다. 지나간 시절에 좀 더 열심히 살았더라면 얼마나 좋았을까. 지금의 내가 너무 초라하게 느껴졌다. 하지만 도사님은 할 수 있다며 용기를 주신다. 진즉에 도사님을 만났다면 나는 좀 더 다른 세상을 살고 있지 않을까 하고 생각해본다. 그러면서 다시 또 용기를 내어본다. 용기를 북돋아주신 도사님께 감사한다.

이 나이에 무엇인가를 한다는 사실에 감사한다. 이제는 지난 삶을 후회하지 않으려 한다. 이제는 후회해도 내 인생, 만족해도 내 인생이라는 생각이 든다.

나는 한동안 지난 시간이 너무 아쉬워서 좌절의 시간을 보냈다. 열심히 살았는데 이 정도밖에 안 되나 해서 너무 심란했었다. 아이들을 다 출가시키고 손주들도 봤으니 만족해도 될 듯하다 하지만 나는 나 스스로가 내 인생의 격을 떨어뜨리고 있었다. 만족할 수 없었다. 내 인생은 내가 만든 작품이다. 아무리 다른 사람에게는 보잘 것 없어 보여도 내가 최선을 다해 만든 작품을 귀중히 여겨야 한다. 누구도 내 인생을 대신 살아줄 수 없고 딱 하나뿐인 나의 삶이다.

과거의 나의 삶을 나 말고 누가 그 길을 걸어왔겠는가. 부처님은 '천상천하 유아독존'이라고 했다. 나는 온 세상을 통틀어 하나뿐인 유일무이한 존재라는 뜻이다. 살아온 날들에 대한 후회가 깊어질 때마다 새겨야 할 대목이다. 그러면서도 자꾸 나는 지난날에 대한 아쉬움과 후회가 밀려왔다. 자꾸 아쉽고 후회의 감정이 밀려온다면 아직도 못 해본 일에 대한 미련이 커서 그럴 것이다. 그래서 내가 최종적으로 하고 싶은 일에 도전해보기로 한 것이다.

지금의 나이 드는 내 주변의 형제들이나 친구들을 보면 모두 지나간 세월에 대한 후회와 아쉬움 일색이다. 이미 몸은 늙었고 그렇다고 마음이 늙는 것은 아니니 모두가 후회를 한다. 그렇다고 망친 인생도 아니고 크게 잘못 살아온 인생도 아니다. 가족을 위해 열심히 살았고 제 한 몸 희생하며 살았다. 지금도 몸 건강하고 자식들은 잘 살고 있다. 그만하면 성공한 삶이다. 그래도 모두들 지난 날을 아쉬워하며 후회한다. 정작 본인을 위한 선택은 하지 못했기 때문이다. 이제라도 본인이 하고 싶은 일을 하며 자신을 중심으로 살아야 나머지 인생이 후회스럽지 않을 것이다.

나는 어릴 때의 공포감과 두려움이 나를 늘 깨어 있게 하는 원동력이라는 것을 글을 쓰면서 알게 되었다. 지금도 불안하고 두렵다. 지금 생각하니 한 번도 자신 있게 나를 드러낸 적이 없었다. 누구 앞에 나서는 것도 두려웠고, 남의 이목이 두려워 튀는 행동은 더구나 하지 못했다. 그저 순둥이 얌전이라 불리며 조용히 살았다. 이제는 내 인생의 주인공은 바로 나라는 생각이 든다. 누가 뭐래도 내가 선택해서 결혼했고 그 삶을 묵묵히 받아들이며 충실히 살아왔다. 그리고 나는 그 선택을 최상으로 만들기 위해 혼신의 힘을 다했다. 사회적으로 큰 성공을 이루어 내진 못했지만 열심히 살았다.

어느 날인가 퇴근을 하니 어머님이 검은 보자기를 머리에 쓰고 계셨다. 스카프처럼 꽃무늬가 있는 망사로 된 보자기였다. “아니, 어머니! 왜 그러세요.” 했더니 “내가 미쳐서 그러지.” 하신다. 그러더니 부끄럽다는 듯이 얼굴에 있는 검버섯을 제거하고 왔다며 쑥스러운 표정을 지으셨다. 70 중반의 나이에 며느리한테 한마디 의논도 없이 피부과에 가서 미용술을 하고 오신 것이다. 허리도 아프시면서 혼자 다녀오셨다.

어머님은 참으로 대단하신 분이었다. 무엇이든 독립적이고 자신이 생각하는 것은 누가 뭐래도 해내시는 분이었다. 시간이 지나자 깨끗한 얼굴이 훨씬 보기 좋았다. "나이 들어 그런 것을 뭐하려고 해. 팔순이 다 된 나이에." 그런 말을 들어도 어디가나 곱다는 말을 들으시던 분이니 혼자서 병원을 다녀 오신 것이다. 이제는 어머님의 보자기를 쓰고 계신 모습이 웃음도 나지만 구순이 되셔서도 깔끔하신 용모를 갖고 계신 것도 어머님이 포기하지 않는 선택의 결과이다.

아무것도 하지 않으면 아무 일도 일어나지 않는다. 인생은 수많은 선택의 결과물이다. '과연 내가 무얼 할 수 있겠어?' 하면 아무 일도 일어나지 않을 것이다. 지금까지는 환경에 나를 맞추고 살아왔다면 이제는 내가 하고픈 일을 중심으로 살아보려 한다. 지금보다 나이 들었을 때 후회하지 않기 위한 나의 선택이다. 후회 없는 인생을 살아왔다면 좋았겠지만 인간인 이상 결점 없는 사람은 없을 것이다.

"젊은이에게는 열정과 용기가 있지만 지혜가 없고, 나이 들면 경험과 통찰이 있지만 더 이상 기회가 없다."라는 말이 가슴을 아프게 한다. 앞으로 나에게 기회가 없을지도 모른다. 하지만 아무것도 하지 않으며 늙어가고 싶지는 않다. 부질없는 후회만 하며 살고 싶지 않다. 이제라도 좀 더 내가 무엇을 할 수 있는지 찾으며 생산적인 삶을 살고 싶다. 그래서 나는 늘 하는 말처럼 '지금 아는 것을 그때 알았다면 얼마나 좋았을까? 지금 이 나이보다 좀 더 일찍 알았다면 얼마나 좋았을까?' 생각하면서 하루하루를 보낸다. 앞으로 십 년 후에 후회하지 않는 삶을 위해 나는 지금도 열심히 달린다. 그래서 아무것도 하지 않음을 가장 두려워한다.